Meine Schiffskameradin Louise

—

Die Romanze eines Schiffbruchs,

Band 1

William Clark Russell

Writat

Diese Ausgabe erschien im Jahr 2024

ISBN: 9789361464775

Herausgegeben von
Writat
E-Mail: info@writat.com

Inhalt

KAPITEL I
DOWN CHANNEL

WIR hatten Gravesend um vier Uhr morgens verlassen und befanden uns nun um halb neun abends vor der Südküste. Das Schiff lag auf einem straff gespannten Palstek und steuerte genau auf den Kanal zu.

Es war eine Septembernacht, und die Böen und Windstöße, die wie Sturmböen in die luftigen, dunklen Hohlräume der Leinwand fegten, ließen den Hauch des Winters erahnen. Der Mond war voll, klein wie eine silberne Kanonenkugel, mit einem tropischen grünlichen Schimmer in seinem eisigen Funkeln, und der Mond fegte in Fetzen, Kringeln und Federn aus Dampf über ihn hinweg, segelte dunkel von dort herauf, wo Frankreich lag, und wurde weiß zu einem hauchzarten Hauch von Farbe, als er in die zentrale silberne Pracht aufstieg und wieder hindurchflog . Das ganze Gewicht des Kanals lag im Lauf der Brandung, die in weißen Wassermassen aus dem schweren Bug des Ostindienfahrers blitzte, während dieser stürmisch und zerschmettert seinen Weg bahnte. Die Segel seiner Segel ächzten bei jeder Windrichtung, als wäre die Schot jedes Segels die Hand eines Riesen, der den massiven Eisenriegel herausreißen wollte, der die Ecke der ächzenden Segel am Deck festhielt.

Das hoch aufragende Vorland zeigte sich als blasser, windiger Haufen auf der Steuerbordseite. Das Land verlief in einer Art schwer fassbarer Schwäche entlang unserer Seite, während die Lichter von Dover wie eine Galaxie aus Glühwürmchen im blassen Schatten hingen: dahinter eine Art zitternder, nebulöses Leuchten, das Folkestone kennzeichnete ; und hoch oben in der klaren Dämmerung über der Seite sah man das Licht des Vorlandes wie einen wilden, gelben Stern, der auf das Meer herabstarrte, frei vom Flug der flügelartigen Scuds.

Das Schiff war die *Countess Ida* , ein zu ihrer Zeit wohlbekannter Indienfahrer. Das ist jetzt schon so lange her, dass ich mich wie zwei Jahrhunderte alt fühle, wenn ich erzählen kann, dass ich damals ein kerniger junger Kerl war. Das Schiff hatte Ziel Bombay. Die meisten Passagiere waren in Gravesend an Bord gekommen, auch ich. Und nun bahnten wir uns unseren Weg in die immer breiter werdenden Gewässer des Kanals und waren – ich meine diejenigen unter uns, die nicht seekrank waren – mächtig dankbar, dass der Wind gedreht hatte, als das südliche Ende der Goodwin Sands noch auf gleicher Höhe war, sodass wir unsere Anker vor dem Kahn lassen konnten und uns so eine herzzerreißende Zeit des Aufenthalts in den Downs erspart blieb.

Das Schiff sah im Mondlicht edel aus; es richtete ein Großtoppsegel in den auffrischenden Wind, und die Segel schwebten hoch in den Schatten, die in einer Art Blinzeln kamen und gingen, als das Licht vom Rand der dahinziehenden Wolken in eine kleine Lagune aus sanftem Indigo sprang und einen wahren Regen aus silbernem Feuer herabblitzen ließ, bis der lange funkelnde Strahl, der wie die Speiche eines sich drehenden Rades über die schäumenden Köpfe der Meere fuhr, in einem Atemzug von einer Dampfwolke über dem lieblichen Planeten ausgelöscht wurde. Ich stand an der Reling, die quer über die Heckkante verlief, und betrachtete dieses großartige Nachtbild des auslaufenden Ostindienfahrers. Von Zeit zu Zeit hörte man ein Tosen des Wassers von seinem Wetterbug, das im Mondschein in einer riesigen Fontäne aus prismatischen Kristallen glitzerte. Die Gestalten eines Seemannspaares, das Ausschau hielt, trotteten die Luvseite des Vorschiffs entlang, ihre Schatten zu ihren Füßen tauchten auf der weißen Planke in einen schnellen und hellen Strahl des Mondlichts, klar wie eine Tintenskizze auf weißem Papier. Mittschiffs, vorn, ragte die große Galeere auf, vor der ein riesiges Langboot verstaut war, das mit Ersatzbäumen überdacht war; zu beiden Seiten erhoben sich die hohen Bollwerke mit drei Seitenschiffen, die sich aus der Dämmerung zwischen den hohen Verteidigungsanlagen des Schiffes stahlen wie die Gestalten von Tieren, die sich duckten, um durch die Bullaugen einen Blick auf das Meer zu erhaschen. Ein roter Lichtstrahl kam schräg aus der Galeere und berührte mit seinem rostigen Glanz einige Glieder des riesigen Kettenkabels, das entlang der Decks gespannt war, eine Seilrolle, die an einem Belegnagel hing, und ein Stück eines Bollwerkpfostens. Ab und zu ging ein Seemann durch dieses Licht, und seine Gestalt hob sich rot vom grünlichen Silber in der Atmosphäre ab. Eine Gruppe von Passagieren hing dicht an dicht unter der Heckleiter, und von ihren Füßen fiel eine breite weiße Fläche des Achterdecks zu den Lee-Wasserstraßen ab, aus denen in Abständen ein Geräusch von Würgen und Keuchen zu hören war, wenn das Heben des Schiffes die dunkle Flut des Kanals bis an die Speigatte spülte. Das knurrende Summen der Stimmen der Männer vermischte sich zu einer seltsamen Wirkung auf das Ohr mit dem schrillen Singen des Windes in der Takelage und den unaufhörlichen Waschgeräuschen über der Seite und den langgezogenen Knarren, die von allen Teilen eines Schiffes ausgehen, das unter dem Druck der Segeltuche gegen die auflaufende See ankämpft.

Achtern auf dem Achterdeck, wo ich stand, sah das Schiff etwas verlassen aus. Der Lotse war von Deal abgesetzt worden; der Wachoffizier (der Erste Offizier) stapfte die Wetterseite des Decks von der Leiter bis auf Höhe des vordersten Oberlichts entlang; die dunkle Gestalt des Kapitäns schwang in einer Art Pendelschritt von der Besantakelung zum Gitter hinter dem Steuerrad. Schwach wie ein entferntes Feuerfeuer über dem Backbordheck, windig flackernd auf der pulsierenden Wasserfläche, leuchtete die Laterne des Feuerschiffs vor South Sand Head; und es war seltsam zu sehen, wie sie sich am dahinrasenden Nachthimmel auf- und abbewegte, während sich unser Schiff rasch und doch würdevoll dahinschleppte, wobei die Gestalt des Mannes am Steuer irgendwie undeutlich zu erkennen war, obwohl das Leuchten der Kompasslampe einen kleinen goldenen Dunst um den Kompassständer warf, hinter dem die Gestalt des Kerls undeutlich wie die Umrisse eines Geistes zu erkennen war.

Ha! dachte ich, *das* ist jetzt wirklich Seefahrt! Obwohl wir uns noch in engen Gewässern befanden, war in der donnernden Brandung der Wetterwogen, die die Biegungen entlangfegten, ein so sehnsüchtiger Anflug von Ozean zu spüren, dass ich mir ohne den blassen Schimmer der Landlinie, die sich an Steuerbord erstreckte, leicht hätte vorstellen können, dass wir den gesamten Atlantik vor unserem Bug hätten.

Es war ein bisschen kühl, und ich ertappte mich dabei, wie ich meinen Caban an mich drückte und den halb gefassten Entschluss fasste, in meine Kabine zu gehen, wo noch einige meiner Sachen verstaut werden mussten. Aber ich blieb – ich war damals und bin immer noch ein Liebhaber aller Seeeffekte – , um einer schönen Brigg zuzusehen, die an uns vorbei in Richtung der Downs segelte, der starke Wind strich ihr über das Achterdeck und ihre Segel hoben sich in marmorartigen Kurven zu den winzigen Royals; jedes Tuch schimmerte wie Perlen im Tanz des Mondes zwischen den Wolken, jedes Seil an ihr schimmerte zu silbernem Draht, und der Schaum, weiß wie gesiebter Schnee, hob sich zu ihren Klüsen, bis sie mit dem scharfen Heck ihres Klippers schnitten, und an Bord war kein Licht, außer dem, das von der Leuchte im Glas und Messing um ihre Decks entzündet wurde, als sie an uns vorbeirollte, zart wie eine Erscheinung, blass wie Dampf, aber von einer exquisiten Anmut, so erkennbar wie ein Gemälde auf Elfenbein.

Ich ging nach achtern zur Nebenluke und betrat die Kajüte oder, wie sie jetzt genannt wird , den Salon. Der Raum hatte die Breite des Schiffes und war in der Tat eine sehr prächtige und geräumige Staatskabine mit einer Schottwand am äußersten Ende unter dem Steuerrad, wo sich das Schlafzimmer des Kapitäns befand, und einer Koje daneben, wo der Kapitän zusammen mit den Offizieren seine Navigationsübungen machte und wo die Fähnriche zur Schule gingen. Es gab auch zwei Kojen direkt vorn, dicht am Eingang zur Kajüte über das Achterdeck, die vom ersten und zweiten Maat belegt wurden; ansonsten war der Innenraum so hell wie ein Ballsaal, und es war, als würde man einen hell erleuchteten Pavillon an Land betreten, um aus der windigen Dämmerung der Nacht und dem fliegenden Mondschein in die sanfte Helligkeit der Ölflammen zu gelangen, die in schönen Lampen aus weißem und glänzendem Metall brannten, nachgeahmt durch Spiegel, mit Handmalereien dazwischen und polierten Paneelen, in denen der Glanz wolkig kräuselte. In der Mitte dieser Kajüte stand ein langer Tisch , und darüber waren die Kuppeln der Oberlichter, in denen viele schöne Pflanzen und Blumen in Töpfen schaukelten, und Kugeln mit Fischen und silberne Schaukeltabletts. Mitten durch das Herz des Innenraums verlief der Schaft des Besanmasts , reich an gemeißelten Mustern und in zartem Farbton; hinter dem Stamm des riesigen Mastes stand ein schönes Klavier, das an Deck festgebunden war. Die Planken waren mit feinem Teppich ausgelegt, und Sofas und Sessel erstreckten sich auf beiden Seiten dieses glitzernden Salons über die gesamte Länge.

Am vorderen Ende des Tisches hatten sich ein paar Leute versammelt, als ich mich zur Luke begab, deren breite Stufen zu den darunter liegenden Schlafkojen führten. Es war nicht schwer zu erkennen, dass einer von ihnen ein ostindischer Militärgenosse war, dessen Leber von jahrelangem Curry-Essen brannte. Seine weißen Schnurrhaare, so drahtig und unbeweglich wie die einer Katze, standen zu beiden Seiten seiner zitronenfarbenen Wangen hervor ; seine kleinen, blutunterlaufenen, indigoblauen Augen funkelten unter überhängenden Brauen, auf denen das Haar dicht wie Watterollen lag. Ich wusste, dass dieser Gentleman Colonel Bannister war, und als ich vorsichtig weiterging – denn die Bewegungen des Decks waren so stürmisch, dass ich vorsichtig auftreten musste –, begriff ich, dass er gegenüber Dr. Hemmeridge , dem Schiffsarzt, die Ärzteschaft wegen ihrer Unfähigkeit, Medikamente gegen Seekrankheit zu verschreiben, lächerlich machte.

„Das sind Nervenprobleme", hörte ich einen dicken holländischen Herrn sagen, den ich später als Peter Hemskirk kennenlernte , Manager einer Firma in Bombay.

„Nerven!", höhnte der Oberst und warf einen Blick auf die Weste des Holländers. „Kennen Sie den Unterschied zwischen Nerven und Magen nicht, Sir?"

„Dasselbe", rief Dr. Hemmeridge beruhigend aus. „Die Seekrankheit betrifft in jedem Fall den Kopf . Und bitte, Colonel, was sind die Gehirne anderes als" –

„Ha! Ha !", brüllte der Oberst und unterbrach ihn. „ *Da* habe ich Sie. Wenn nur das Gehirn betroffen ist, dann, ha! Ha ! Kein Wunder, dass Mynheer hier nicht leidet, obwohl es seine erste Reise ist, sagt er."

Aber als ich die Stufen hinabstieg, war ich außer Hörweite dieses interessanten Gesprächs. Meine Kabine war weit hinten. Es gab einen ziemlich breiten Gang, und die Kojen waren zu beiden Seiten davon angeordnet. Aus einigen von ihnen drangen, als ich mich vorwärts bewegte, gedämpfte Laute verschiedener Klage- und Leidenstöne. Eine schwarze Frau mit einem Ring in der Nase und einem in Weiß gehüllten Kopf saß auf dem Deck vor der geschlossenen Tür einer Koje und stöhnte wie eine Seekranke über ein Baby, das sie in ihren Armen wiegte und das aus vollem Halse weinte. Die Tür einer Kabine direkt gegenüber öffnete sich, und ein junger Kerl mit einem grässlichen Gesicht, der den Kopf herausstreckte, rief mit einem Tonfall, der stark an Übelkeit erinnerte: „Ich glaube , verdammt noch mal! Das ist doch nichts , oder? Das Rollen ist auch ohne *das* schlimm genug. thindy . Der da !' Das Schiff machte einen Ruck, und er schwang sich hinaus, schoss aber sofort wieder zurück, da er tatsächlich nur halb bekleidet war: 'Ich meine , bist *du* der da ?'

„Nein", sagte ich. „Sing weiter. Es wird schon jemand zu dir kommen."

„Werden sie dieser Frau nicht die Schuld geben ?", rief er, und er hätte noch mehr gesagt, aber eine plötzliche Erschütterung des Schiffes schlug ihm die Kabinentür vor der Nase zu, und im nächsten Moment hörte ich ein Geräusch, das nur allzu deutlich darauf hinwies, dass er voreilig seine Koje verlassen hatte.

Ich betrat meine Koje und sah, dass die Lampe darin brannte. Der junge Herr , der die Kabine mit mir teilen sollte, saß in seinem Bettgestell über meinem, ließ seine Beine über die Kante baumeln und starrte mit verwirrter Miene auf das Deck. Ich hatte mich am Nachmittag mit ihm unterhalten und erfahren, wer er war. Tatsächlich stand sein Name in großen Buchstaben auf seinem Reisekoffer – „Der ehrenwerte Stephen Colledge "; und nebenbei hatte er mir erzählt, dass er ein Sohn von Lord Sandown war und auf einer Jagdtour nach Indien unterwegs war . Er war ein gutaussehender junger Mann mit hellem Backenbart, weißen Zähnen und einem freundlichen Lächeln, aber mit einer etwas affektierten Art zu sprechen.

' Es ist „Es ist ziemlich rau, nicht wahr, Mr. Dugdale ?", sagte er. „Und regnet es nicht?"

„Nein", sagte ich.

„Oh, aber sehen Sie sich das Glas hier an", rief er und deutete auf die Luke oder das Bullauge, dessen dickes Glas zwar glänzte, aber in der Nacht draußen kohlschwarz wirkte.

„Na ja", sagte ich, „das Nasse dort ist das Meer. Es ist Gischt. Nichts als Gischt."

„Zum Teufel mit den Wellen!", sagte er leise. „Warum zum Teufel kann das Meer nicht immer ruhig sein? Wenn ich gewusst hätte , dass dieses Schiff so schwankt, hätte ich auf ein stabileres Schiff gewartet. Würden Sie mir die Güte erweisen, den Deckel dieses Koffers anzuheben? Sie werden eine Flasche Brandy darin finden. Zum Teufel mit mir, wenn ich mich bewegen möchte. Tut mir leid, dass ich kein Feldbett mitgebracht habe, obwohl es verdammt schwierig ist, in diese Dinger rein- und rauszukommen."

Ich fand die Flasche, gab sie ihm und er nahm einen Schluck. Sein Angebot, mir einen Schluck zu geben, lehnte ich ab und machte mich an die Arbeit, einige Kleinigkeiten aus meinem Koffer zu verstauen.

„Fühlen Sie sich nicht krank?", sagte er.

„Nein", sagte ich.

„Oh, ah, jetzt erinnere ich mich!", rief er aus. „Sie waren einmal Seemann, nicht wahr?"

„Ja, das habe ich ein paar Jahre lang erlebt."

„Ich wünschte, *ich wäre* Seemann geworden, das weiß ich", sagte er. „Ich meine, nachdem ich es aufgegeben hatte. Und was das Seemannsein angeht – du meine Güte! Denken Sie an vier, vielleicht fünf Monate davon . "

„Oh, in ein oder zwei Tagen werden Sie ein so guter Seemann sein wie keiner von uns", sagte ich ermutigend.

„Aber jetzt ist mir nicht danach", rief er aus. „Mal sehen: Ich glaube, Sie sagten, Sie würden malen gehen? – Oh nein! Ich bitte um Entschuldigung: Das hat mir ein Kerl namens Emmett erzählt . Sie – Sie –" Er sah mich mit einer leicht betrunkenen Kopfbewegung an, woraus ich schließen konnte, dass der „Schluck", den er aus seiner Flasche genommen hatte, beileibe nicht sein erster „Schluck" innerhalb der Stunde war.

„Nein", sagte ich lachend. „Ich fahre aufs Land, um einen alten Verwandten zu besuchen. Und zwar nicht mehr, als nur zum Spaß an der Reise."

„Der *Spaß* an der Reise!", wiederholte er mit dummem Gesicht; dann hellte sich sein Benehmen plötzlich auf, obwohl sein düsteres Gesicht schnell wieder zu ihm zurückkehrte, und er rief aus: „Ich sage, Dugdale – bitte entschuldigen Sie, wissen Sie, es hat keinen Sinn , einen Kerl *zu nennen* , mit dem Sie vier oder fünf Monate schlafen werden – nennen Sie mich Colledge , alter Junge – aber ich sage Ihnen, haben Sie seit dem Abendessen noch etwas von diesem tollen Mädchen gesehen? Herrgott noch mal! Was für Augen, was?"

Er zog die Beine an und nahm mit einem leisen Stöhnen eine Schlafhaltung ein, offensichtlich ohne Rücksicht auf meine Antwort auf seine Frage.

Ich blieb eine Weile in der Koje, stopfte mir dann eine Pfeife, stieg in den Salon und begab mich auf das Achterdeck , um im Schutz der Nische in der Kajüte vorne zu rauchen. Colonel Bannister lag ausgestreckt auf einem Sofa und hielt ein Glas Brandy Grog in der Hand. In der Kajüte waren noch andere Passagiere, verstreut, und alle schwiegen grimmig und starrten eindringlich in die Lampen, doch mit etwas Leere in ihrem Blick, als wären ihre Gedanken ganz woanders. Als ich das Achterdeck betrat, drangen die

Schreie und der Chor der Männer oben durch den starken und zischenden Wind zwischen den Masten und durch das raue Brodeln der See, die der Bug des Schiffes in Schneestürme verwandelte, während es mürrisch durch das Wasser pflügte, während das Windachter des Großtoppsegels im grünen Schimmer des Mondlichts wie die Fliege einer Flagge in einer Brise zitterte. Sie refften die Fock- und Besansegel. Der Erste Offizier, Mr. Prance, sang von Zeit zu Zeit über meinen Kopf hinweg einen Befehl, der mit einem heiseren „Ay, ay, Sir" beantwortet wurde, das aus der Dunkelheit widerhallte, in die der vordere Teil des Schiffes getaucht war. Ich zündete meine Pfeife an und setzte mich auf die Sülls der Sprengluke, um eine Zigarette zu rauchen. Ich war allein, und diese mondbeschienene nächtliche Szenerie über dem Kanal rief in mir Erinnerungen an die Zeit wach, als ich noch Seemann war und als Fähnrich auf einem anderen Schiff wie diesem auf und ab gegangen war. Es schien lange her zu sein, aber es waren auch nicht mehr als sechs Jahre vergangen. Die Stimmen der Kerle da oben erweckten in mir den alten Berufsinstinkt, bis ich das Gefühl hatte, als ob ich an Deck Wache hätte und mich hier unter der Heckklappe versteckte und eigentlich oben sein und eine Lee-Rah bedienen oder auf dem flämischen Pferd in Luv baumeln sollte .

Bald war oben alles ruhig, und durch den windigen Glanz in der Atmosphäre, der durch das Durcheinander der weißen Wasser und den häufigen Blick des Mondes durch einen Riss in der zerfetzten Brandung verursacht wurde, konnte ich die Gestalten der Kerle am Vorschiff erkennen, die die Wanten herunterließen. Kurz darauf brach eine tiefe Meeresstimme in ein seltsames wildes Lied aus, das von den Männern, die an den Fallen zogen, um die Rah zu masten, in einem Orkanchor aufgefangen und widergespiegelt wurde . Es war eine passende Art von Ton, der zu einer solchen Nacht passte. Eine Minute später ertönte ein Chor von ähnlicher Rauheit, aber mit einer anderen Melodie, auf dem Achterdeck, wo sie die Rah nach dem Reffen masten . Die kombinierten Töne verliehen dem Bild des dunkel werdenden Ostindienfahrers, der sich in schwimmenden Barkassen anschwoll, rollte und stampfte, einen wahrhaft ozeanischen Charakter, während seine breiten Schwungfedern sich in undeutlichen Abständen zum Himmel emporhoben und die schwarzen Linien seiner königlichen Rahen vor dem Mond hin und her schwankten, der, als er sich zeigte, im wilden Tanz unserer Mastspitzen zwischen den rauschenden Flügeln aus Dunst zu taumeln schien . Die Lieder der Matrosen, das klare, schrille Pfeifen des Bootsmannsmaats vorn, die rasch ausgesprochenen Befehle des Ersten Offiziers, das rauschende Geräusch der aufschäumenden Wellen, das mürrische Schreien des Windes in der Takelage, das an das mürrische Brüllen der Brandung eines Waldes aus hohen Bäumen erinnerte, über den ein Sturm hinwegfegt – all das vermittelte einem das Gefühl, wirklich auf See zu sein.

Ich klopfte die Asche aus meiner Pfeife und ging aufs Achterdeck. Das Land war an Steuerbord noch sehr undeutlich zu sehen, mit hier und da kleinen Ausläufern schwachen Lichts, die ein Dorf oder eine Stadt markieren könnten. Man konnte bis zum Horizont sehen, wo das Wasser in einer Art grünlichem Schwarz erschien, mit einem Punkt der Flamme eines französischen Leuchtturms über dem Backbordviertel, und die Septemberwolken stiegen vom Rand des Meeres auf wie Wölkchen und Rauchschwaden aus tausend Fabrikschornsteinen dort unten, und ab und zu blitzte ein heller Stern zwischen ihnen hervor, während sie schnell zum Mond hinaufschwebten und sich silbrig weiß färbten, als sie sich dem herrlichen Planeten näherten.

Die Vorderseite der Kajüte hatte Fenster, und als ich durch eines davon blickte, sah ich, wie der Kapitän die Nebentreppe in den hell erleuchteten Salon hinunterstieg und sich an den Tisch setzte, wo sich im nächsten Moment der kleine Oberst mit den feurigen Augen zu ihm gesellte. Karaffen und Gläser wurden von einem der Stewards auf ein Schwenktablett gestellt, und die Szene hatte nun trotz des Anscheins, als sei die Kajüte vergleichsweise desertiert, etwas ziemlich Heimliches an sich. Kapitän Keeling war, glaube ich, der seemännischste Mann, den ich je getroffen habe. Ich hatte an Land von ihm gehört und erfahren, dass er über 45 Jahre zur See gefahren war. Er hatte in allen Arten von Schiffen gedient und sich bei Eignern und Versicherern großes Ansehen erworben, weil er ein Ostindienschiff, dessen Kommando er hatte, verteidigt und gerettet hatte, das in der Bucht von Bengalen von einer schwer bewaffneten französischen Schar Männer angegriffen worden war. Für sein Verhalten in dieser Angelegenheit wurde er mit Pokalen und Schwertern, Tafelsilber und Beuteln voller Geld überhäuft; und tatsächlich war er auf seine Art eine Art kleiner Commodore Dance.

Ich betrachtete ihn mit einigem Interesse, als er neben dem Oberst saß und das volle Licht der Lampe ihm gegenüber auf sein Gesicht und seine Gestalt schien. Tagsüber hatte man von ihm wenig gesehen, und erst als wir den Lotsen absetzten, zeigte er sich. Sein Gesicht war von langen tropischen Wetterperioden purpurrot und von den jahrelangen Stürmen, die er durchgemacht hatte, zu einer Rauheit wie die Oberfläche eines Felsens verhärtet. Er war etwa sechzig Jahre alt; und sein kurz geschnittenes Haar war weiß wie Silber, mit einem dünnen Streifen ähnlich flauschiger Barthaare, der schräg von seinem Ohr bis zur Mitte seiner Wange verlief. Seine Nase hatte die Form des Kopfes einer Tonpfeife und war von einem dunkleren Rot als der Rest seines Gesichts. Seine kleinen meerblauen Augen lagen tief, als ob sie lange nach dem Wind gestarrt hätten; und da sie fast von dem dicken Wulst der silbernen Augenbrauen verdeckt waren, schienen sie nichts weiter als bohrende Löcher in seinem Kopf zu sein, durch die Licht hereinfiel. Er hatte seinen Caban aufgerissen und darunter eine Art Uniform entdeckt: eine lederfarbene Weste mit Goldknöpfen, einen offenen Gehrock aus blauem Stoff mit Samtrevers. Um seinen Hals trug er eine Satinhalsbinde, in der drei Nadeln steckten, die durch kleine Ketten miteinander verbunden waren. Sein Hemdkragen war hinten geteilt und ragte unter seinem Kinn in zwei spitzen Spitzen hervor, was ihn zwang, seinen Kopf in einer geradezu militärischen Haltung aufrecht zu halten. So war Captain Keeling, Kommandant des berühmten alten Indienfahrers *Countess Ida* .

Ich vermutete, dass er nicht lange unten bleiben würde, sonst wäre ich versucht gewesen, mit ihm ein Glas Grog zu trinken, trotz der Gesellschaft von Colonel Bannister, der kaum der Typ Mann war, der einem bei einem Anlass wie der ersten Nacht auf See Freude bereitete, wenn man sich noch sehr frisch an Abschiede, Küsse und Händeschütteln mit Leuten erinnerte, die man vielleicht nie wieder sehen würde.

KAPITEL II
DER FRANZÖSISCHE LUGGER

MEINE Pfeife war aus. Die Schanzkleid des Achterdecks verbarg das Wasser, und so stieg ich die Achterleiter hinauf, um mich umzusehen, bevor ich mich schlafen legte. Backbord, oder *Backbord* , wie wir es damals nannten, rollte ein Vollschiff unter glatten Segeln den Kanal hinauf, mit einer solchen weißen Hefeschicht auf dem Bug, und raste nach achtern in das lange Kielwasser, das grell über die dunklen, pulsierenden Wasser huschte, dass es einen an die Basis einer Wasserhose denken ließ, die sich nach oben windet, um der herabfallenden Dampfröhre entgegenzukommen . Das Schiff war das Erste, was mir ins Auge fiel, und ich überquerte hastig das Deck, um es mir anzusehen. Mr. Prance, der Erste Offizier, stand an der Reling und beobachtete es.

„Ein edler Anblick!", sagte ich.

„Ja, Sir, eine englische Fregatte. Ein Schiff mit 51 Kanonen, wie es scheint. Auf mein Wort, nichts Stattlicheres ist je geschwommen und wird je wieder schwimmen als Schiffe dieser Art. Sehen Sie sich die Linie ihrer Batterien an – schwarz und weiß wie die Tasten eines Klaviers! Was für eine rechtwinklige Rah, Sir! Ihr Großsegel sollte so groß sein wie unser Bramsegel."

Er warf einen Blick nach oben auf den sich windenden Stoff über unseren Köpfen und riss nachdenklich mit sich, auf einen kurzen Bart, der sich von seinem Kinn nach oben kräuselte wie das Vordeck eines Südwesters . Das edle Schiff trieb in die Dunkelheit hinter dem Heck hinaus, und seine blassen Höhen erloschen in der Dunkelheit wie ein Dampfstoß, der sich im Wind auflöste.

„Was ist das dort draußen am Steuerbordbug, Mr. Prance?", sagte ich.

Er spähte eine Weile und sagte dann: „Ein Boot, das genauso weit reicht wie wir – es steht uns in den Weg – jedenfalls ein ziemlich klobiges Ding. Was für ein Schandfleck es ist, wenn man bedenkt, dass es keine hohe Spiere hat!"

„Wir überholen sie", sagte ich.

„Ja", antwortete er und hielt seine Augen auf sie gerichtet. „Wirkt sie aber nicht ein wenig unsicher?", murmelte er, als dächte er laut.

Ich konnte damals wunderbar gut sehen, und nachdem ich meine Augen eine Weile angestrengt auf den kaum erkennbaren Schatten gerichtet hatte, den das Schiff warf, rief ich aus: „Das muss ein französischer Lugger sein , oder ich irre mich gewaltig."

„Ich glaube, Sie haben Recht, Sir", antwortete der Maat.

Er zog sich ein wenig von mir zurück, vielleicht als Zeichen, dass er seine Aufmerksamkeit dem Schiff am Bug zuwenden wollte, und legte plötzlich die Hand vor den Mund und rief mit scharfer, klarer Stimme dem Vorschiff zu. Die Antwort kam so schnell wie der Ton einer Glocke auf den Schlag ihrer Zunge.

„Licht nach vorn! Aber schnell! Der Kerl da vorne scheint zu schlafen.“

gab es noch keine Seitenlichter . Es vergingen noch viele Jahre, bis das Schifffahrtsgesetz die Verwendung eines Nachtsignals vorschrieb, das mehr bedeutete als ein kurzes Aufleuchten der Kompasslampe über der Seite. In wenigen Augenblicken wurde eine große kugelförmige Laterne in der Hand eines Matrosen, dessen Gestalt im Licht der Flamme wie eine Skizze aus Phosphor erschien, auf die Reling des Vorschiffs gestellt , und die Nacht hinter ihm sah wegen des auf- und abschwellenden Feuers noch schwärzer aus. Der Mann vor ihm schien den Wink zu verstehen, und der Maat ging nach achtern zum Kompass, in den er hineinschaute, und ging dann zur Reling, an der er verweilte und nach vorne starrte .

Ich ging nach Lee hinüber, um das milchige Rauschen des Wassers an der Seite zu beobachten. Der Schaum bildete eine Art Dämmerlicht in der Luft. Unter dem Fuß des Großsegels, das quer über das Deck gespannt war, stürmte der Wind mit orkanartigem Anflug aus der riesigen Wölbung der Tücher und peitschte durch den rauschenden Schnee, bis das Auge wieder taumelte und den Anblick der kochenden Hefe sah. Noch nie hatte ein Schiff eine solche Bedeckung um sich wie die Gräfin *Ida* . Wir fuhren kaum volle fünf Meilen, und doch hätte man, wenn man nach Lee blickte und das riesige Segel sich auf die Wellen der See und die Last des Windes in den Segeln zu seinen Kanälen neigte, meinen können, es donnere mit mindestens zehn Knoten hindurch.

Plötzlich ertönte ein lauter und furchtbarer Schrei nach vorn. „Bremsen Sie die Heckklappe ! Bremsen Sie die Heckklappe !“ Ich konnte eine Stimme hören, die mit ihrer verblüffenden Heftigkeit brüllte, als ginge es um Leben und Tod .

„Steuerbord! Steuerbord !“, rief Mr. Prance, der immer noch achtern stand. „Raus damit, Männer, um Gottes Willen, bevor wir ins Schiff eingedrungen sind!“

Im nächsten Augenblick war ein dumpfer Stoß im ganzen Schiff zu hören; ein Schauder, der durch die Planken bis in die Fußsohlen lief, während Schreie und Geschrei wie aus sechzig Kehlen unter dem Bug erklangen und ein höchst beklagenswertes und furchterregendes Geräusch von splitterndem Holz, reißendem Segel und losgerissenen Segeln, die den Wind peitschten. Ich sprang zur Luvreling und sah einen großen Rumpf von etwa achtzig Tonnen, völlig entmastet – ein wildes Bild von Schiffbruch und Verwüstung im Licht des Mondes, der in diesem Moment aus einem klaren Himmelsfeld herabschien –, der in unser Kielwasser glitt. Das dunkle Objekt schien voller Männer zu sein, und die Schreie ließen keinen Zweifel daran, dass es ein französisches Schiff war – ein großes Dreimaster . Lugger , wie ich sie vermutet hatte.

In einem Augenblick war unser Schiff in Aufruhr. Es gibt keine Worte, um den Lärm und die Aufregung auszudrücken. Zunächst einmal hatten wir das Ruder eingezogen, waren in den Wind geraten und lagen schwer schwankend, die Segel schlugen und donnerten, die Rahen knarrten und die Takelage spannte sich. Die Matrosen rannten hin und her . Für diesen Moment schien jegliche Disziplin über Bord gegangen zu sein. Der Kapitän war an Deck gestolpert und rief dem Maat Befehle zu, der sie mit lautem Gebrüll auf das Achterdeck und das Vorschiff wiederholte . Laternen wurden aufgestellt und über die Reling gehängt, und in ihrem Licht sah man die Gestalten der Seeleute, die von Seil zu Seil eilten und an der Ausrüstung zerrten. Ihr schroffer, harscher Gesang übertönte das entsetzte Geschnatter der Passagiere – von denen viele kaum bekleidet an Deck geeilt waren – und auch das Stürmen und Schrillen des Windes, das tiefe Heulen der aufgewühlten Wasser, die an unserem Bug tobten, und das störende Schütteln und Schlagen der Segel.

Doch einige Befehle von Mr. Prance, dessen Zunge in einem solchen Moment wie eine Trompete klang, wirkten auf das Schiff wie die mitfühlende Hand eines Reiters auf ein unruhiges, verängstigtes Vollblut.

„Großsegel einholen – vordere Schothorn-Granaten – hintere Großmarsrah – an den Luvsen festmachen und ordentlich einrollen. Mr. Cocker (dies war an den zweiten Maat gerichtet, der mit dem Rest der Wache unten hochgestürzt war, als er den Schlag spürte, den die *Gräfin Ida* sich versetzt hatte, und als er den darauf folgenden Aufruhr hörte) – zünden Sie eine Leuchtrakete – kräftig, bitte! Und holen Sie Blaulicht und Raketen raus.“

Ich lief nach achtern, um zu sehen, ob das Schiff, das wir gestrandet hatten, irgendwo in der Nähe war. Der Mond schien zu dieser Zeit hell auf das Meer herab, und die angeschwollenen Wasser des Kanals erhoben ihre schwarzen Höhen zu schäumenden Spitzen in einer Atmosphäre aus zartem Silberdunst, der dem Auge jedoch erlaubte, bis zu den dunklen Grenzen des Horizonts vorzudringen. Das Kielwasser des Planeten war eine lange, pulsierende Linie aus wütend gebrochener Pracht im Süden; aber sein Schwanz schien geradewegs zu der Stelle im Meer zu strömen, in die der Lugger abgedriftet war, und ich war überzeugt, dass ich ihn sehen würde, wenn er noch schwamm.

„Wer ist das dort in Lee?", rief der Kapitän von der anderen Seite des Steuerrads in besorgtem und gereiztem Tonfall.

„Mr. Dugdale ", antwortete ich.

„Oh, entschuldigen Sie, das bin ich sicher", rief er aus. „Sehen Sie irgendetwas von dem Schiff, das wir überfahren haben?"

„Nichts", antwortete ich.

„Sie muss gesunken sein", sagte er. „Doch obwohl ich lauschte, hörte ich keine Schreie mehr, nachdem das Wrack sich halb von uns entfernt hatte."

Hier kam der Maat eilig nach achtern und meldete mit einer Berührung seiner Mütze, dass der Brunnen ausgelotet worden sei und mit dem Schiff alles in Ordnung sei.

„Sehr gut, Sir", sagte der Kapitän. „Ich werde bei meinen Booten bleiben. Das Unglück lässt sich nicht verhindern. Ich werde es nicht noch verschlimmern, indem ich das Leben meiner Männer opfere. Die armen Teufel werden wohl ein eigenes Boot gehabt haben . Zeigen Sie blaue Lichter, Mr. Prance, und schicken Sie von Zeit zu Zeit eine Rakete in die Luft."

brannte eine Fackel über der Reling des Achterdecks – eine Art Terpentin-Vorrichtung, die eine lange flackernde Flamme und eine große Rauchwolke aus der gähnenden Öffnung des Blechtrichters ausstieß, der die Mischung enthielt. Es war, als ob man das Schiff bei Wetterleuchten beobachtete, wenn man einen großen Teil seiner Mittschiffs- und seines Großmasts und die blassen Lichter des Großsegels sah, die im Griff der Ausrüstung von der Rah hingen – all dies kam und ging, während die Flamme aufflackerte und erlosch. Auf dem Achterdeck befand sich eine Menge verängstigter Passagiere, einige von ihnen Damen, die sich in Morgenmäntel und Schals gehüllt aneinander schmiegten; und aus dem Herzen des kleinen Pöbels drangen die sägenden Töne von Colonel Bannister.

„Diese Kollisionen", hörte ich ihn rufen, „ *können nie* stattfinden, wenn man richtig aufpasst. Es ist absurd, darüber zu streiten. Ich würde den ältesten Seemann, der mir widerspricht, zwingen, seine Worte zurückzunehmen. Warum, habe ich die Reise nach Indien schon viermal gemacht –" Aber der Rest seiner Beobachtungen ging in den Schreien des Erstaunens und der Angst der Damen unter, als eine Rakete, die in ihrer Nähe abgefeuert wurde, zischend und scherend in einem Feuerstrom quer durch den heulenden Wind nach oben flog und in der Höhe in eine blutrote Kugel zerfiel, die wie ein elektrischer Meteor schnell landwärts schwebte, gespenstisch im Mondschein, mit einer weiten purpurnen Atmosphäre darum, die selbst die Wolkendecke färbte. Einen Moment später wurde über der Seite vom Kopf der Achterkajüte ein blaues Licht abgebrannt, woraufhin es ein allgemeines Zurückweichen und noch schrillere Ausrufe der Damen gab . Tatsächlich verliehen diese wilden, mystischen Lichter, als ob sie auf die Vorstellung von Männern fielen, die achtern ertrinken, dem Schiff ein unheimliches grelles Licht und tauchten die Nacht in einen weiten Bereich rund um das stampfende und stöhnende Ostindienschiff in einen wunderbaren Schreckensglanz. Sie verliehen der Szene ein so geheimnisvolles und furchterregendes Element, dass ich, obwohl ich bei derartigen Seeshows keineswegs ein Neuling war, gestehen muss, dass ich immer wieder erschauerte, als ich über die Seite des Achterdecks hing und versuchte, in der schaumweißen Düsternis, in die der Lugger geraten war , irgendein Objekt zu erkennen, das einem Boot ähneln könnte .

„Was ist passiert? Alle sind so aufgeregt, dass man die wahre Geschichte nicht erfahren kann.“

Ich drehte mich rasch um und sah neben mir die große Gestalt einer Dame . Sie trug einen Umhang, dessen Kapuze über ihrem Kopf hing und ihr Gesicht fast vollständig verdunkelte, während ihre Augen, die groß und feucht mit einem klaren roten Fleck in der Tiefe glänzten, vor dem Widerschein der Fackel an der Achterdeck- Schanzkleidung verschont blieben.

Ich erklärte es kurz und lüftete meinen Hut, als ich ihr ihren Namen nannte – Miss Temple –, denn sie war mir besonders aufgefallen, als sie in Gravesend an Bord kam, und ich hatte gefragt, wer sie sei, obwohl ich sie bis zu diesem Moment nicht mehr gesehen hatte. Ich beendete meinen Bericht, indem ich auf das Meeresviertel zeigte, in dem der Logger verschwunden war.

„Danke für die Geschichte“, rief sie mit einem plötzlichen Anflug von Hochmut in der Stimme, während sie den Blick, der tiefschwarze tropische Nachthimmel, fest und glänzend auf mich gerichtet hielt, als hätte sie mich aus Versehen angesprochen und wollte sich meiner versichern. Sie bewegte sich, als wolle sie weggehen, hielt inne und sagte: „Die armen Geschöpfe! Ich hoffe, sie werden gerettet . Ist unser Schiff beschädigt, wissen Sie das?“

„Das glaube ich nicht“, sagte ich etwas kühl. „Vielleicht ist vorne ein oder zwei Seile gerissen, aber außer dem französischen Logger haben wir nichts zu bedauern.“

„Meine Tante, Mrs. Radcliffe“, sagte sie, „ist durch den Tumult an Deck etwas hysterisch geworden. Sie ist zu krank, um ihr Bett zu verlassen. Ich denke, ich kann sie beruhigen?“

„Oh ja“, rief ich aus. „Aber dort neben dem Steuerrad sitzt der Kapitän, der meine Worte bestätigen kann.“

Sie verbeugte sich vor mir, oder eher wie ein Knicks, wie es damals üblich war, und ging nach achtern, um den Kapitän anzusprechen, wie ich annahm. Stattdessen stieg sie durch die Luke zur Kajüte hinab, und ich verlor sie aus den Augen.

Eine verächtliche Dame , dachte ich, aber auch eine seltene Schönheit! – jedenfalls wunderbare Augen, in solch einer Beleuchtung aus Raketen und blauen Lichtern und fliegendem Mondschein und dem gelben Schimmer von Leuchtfackeln.

Während dieser ganzen Zeit lag das Schiff beigelegt, das Großmarssegel am Mast, die Falten des hängenden Großsegels schickten ein leises Donnern in den Wind, als es seine Tuche schüttelte, und die See brach in stürmischen Geräuschen am Bug; doch *jetzt* herrschte Totenstille über die Menschen an Deck: Nichts unterbrach diese Stille im Leben des Schiffes, außer dem gelegentlichen harten Zischen einer Rakete, das die ruhelosen Geräusche des Meeres durchbrach, und dem Pfeifen des Windes in der Takelage. Die Reling der Reling war mit Matrosen gesäumt, die gespannt zum Ende des nebligen Kielwassers des Mondes blickten, in das die schwarzen Wogen hineinrollten und sich in unruhige Hügel aus mattem Silber verwandelten. Der Kapitän und zwei der Maaten standen achtern und beobachteten aufmerksam das Wasser, wobei sie sich oft in angespannte, lauschende Haltungen brachten und die Hände an die Ohren hielten. Die meisten der weiblichen Passagiere gingen nach unten, aber nicht zu Bett, denn man konnte sie durch das Oberlicht sehen, wie sie am Tisch saßen und sich schnell unterhielten und oft besorgte Blicke auf das Fensterglas warf, durch das man sie sehen konnte. Unter ihnen war eine majestätische alte Dame mit grauem Haar, das aussah, als sei es gepudert, einer Habichtsnase und einem riesigen Busen, der sofort unter ihrem Kinn hervorragte. Das Lampenlicht blitzte in Diamanten in ihren Ohren und in Rubinen und Edelsteinen von Wert und Schönheit an ihren Fingern. Sie war die Frau von Colonel Bannister und es fehlte ihr anscheinend nicht an der feurigen Energie und der Fähigkeit ihres Mannes, die Dinge scharf zu betrachten , wenn ich nach ihrem heftigen Nicken und den Blicken urteilen darf, die sie aus ihren grauen Augen umherwarf. Es war ein Bild einer Kabine, das ich nur flüchtig erhaschte, als ich das Deck überquerte, um nach Lee zu schauen, aber es war eines, das sich irgendwie in mein Gedächtnis einbrannte, vielleicht wegen des Aussehens des Innenraums, das an eine Laterna magica erinnerte, mit seinen hellen Lampen und der vielfarbigen Kleidung der Damen in ihren Schals, Morgenmänteln und was nicht noch alles – die sich inmitten des wilden, dunklen Rahmens der brodelnden, lauten Nacht deutlich vom Auge abhoben.

Auf einmal ertönte ein lauter Schrei. Ich eilte zurück zur Wetterreling.

„Da kommt ein Boot auf uns zu, Sir. Sehen Sie es, Sir? Dort draußen, auf dieser Seite des Mondspiegels!"

„Ja, da ist sie! Das muss das Boot des Loggers sein . Gott, wie sie taucht!"

Zwanzig schattenhafte Arme zeigten in die Richtung, die die rauhen, murrenden Schreie der Matrosen angezeigt hatten. Der zweite Maat, Mr. Cocker, kam eilig zum Heck des Achterdecks.

„Einige von euch machen sich bereit", rief er, „um ihnen das Ende einer Leine zuzuwerfen. Macht Palsteks bereit, um ihnen über die Reling zu helfen."

Ich konnte das Boot jetzt deutlich sehen, als es sich auf die Höhe des Meeres erhob, seine schwarze, nasse Seite glitzerte einen Augenblick im Mondlicht, bevor es hinter der elfenbeinweißen Spitze der unter ihm dahinfegenden Brandung aus dem Blickfeld verschwand. Es schien voller Männer zu sein, aber ich konnte nur zwei Ruder zählen. Es wurde von der Wucht des Meeres und des Windes auf uns zugetrieben, und ich fühlte, wie mein Herz stillstand, als es mit dem Bug auf uns zusteuerte und sich längsseits drehte, so dass man nach dem Wrack in Dauben Ausschau halten musste, das unter unserem Heck weggespült wurde. Es war voller Menschen, darunter auch Frauen – arme Geschöpfe mit großen weißen Mützen und langen goldenen Ohrringen, die meisten Männer trugen riesige Fischerstiefel und Quastenmützen und Pullover, die in diesem Licht jede Farbe haben konnten . Man konnte diese Umrisse gerade noch erkennen, mehr aber auch nicht, denn der Inhalt des Bootes, als es aufstieg und neben uns abfiel, bestand nur aus einem dunklen Haufen menschlicher Gestalten, die sich wie ein Wurmhaufen in einem Topf wanden und wanden und uns im kaum verständlichen *Dialekt* von Gravelines , Calais oder Boulogne etwas zuriefen.

Selbst in den Befehlen britischer Offiziere an britische Matrosen lag nicht die geringste Magie, die die Sache beruhigt hätte. Nicht nur schien es, als wäre das Boot längsseits an die Plane des Ostindienfahrers hochgehoben worden und raste im nächsten in einen Abgrund, der viele Fuß der gelben Außenhaut des großen Schiffes freilegte: es herrschte auch die schreckliche Befürchtung, dass die gesamte menschliche Fracht umgeworfen werden und mit einem Atemzug längsseits ertrinken könnte; es waren die herzzerreißenden Schreie der verwirrten Leute zu hören; und der Kapitän und die Maaten waren völlig unfähig, sich verständlich zu machen. Wie das geschafft wurde , will ich nicht erklären. Irgendwie wurde das Boot zur Gangway gezogen, wobei es schrecklich gegen die rollende, gebeugte, massive Seite des Ostindienfahrers knirschte und schlug; dann wurden jede Menge Palsteks und Seile darüber baumeln gelassen oder in es hineingeschleudert; und durch die Gangway ohne Schiffe, die von einem halben Dutzend Laternen beleuchtet und von einer geschäftigen Menge von

Matrosen und Passagieren bevölkert war, wurden einer nach dem anderen die Frauen und Männer - die meisten Männer kamen zuerst! - an Bord gezerrt, einige von ihnen fielen der Länge nach auf das Deck, andere sanken auf die Knie und bekreuzigten sich; einige der Frauen weinten leidenschaftlich, eine von ihnen schluchzte in schrecklichen Anfällen, die anderen waren stumm wie Statuen, als hätten Angst und die Gegenwart des Todes ihr Herzblut gefrieren lassen und ihren Herzschlag eingestellt. Zwei von ihnen fielen ins Meer, aber sie waren in Leinen gehüllt und wurden halb tot heraufgezogen. Sie waren alle klatschnass, die Seestiefel der Männer voll Wasser , während die durchnässten Kleider der Frauen das Deck überschwemmten, auf dem sie standen, als wären dort mehrere Eimer mit Salzlake gekentert.

Old Keelings Mitleid mit ihnen ging nicht so weit, die elenden Geschöpfe in die Kajüte zu lassen, wo sie die feinen Teppiche des Schiffes ruinierten und die Bezüge der Sofas befleckten und ruinierten. Sie wurden daher in der Nische unter der Heckklappe zusammengebracht, wo sie zumindest geschützt waren. Man gab ihnen heißen Schnaps und Wasser sowie Brot und Fleisch, und dieses Abendessen aßen die unglücklichen Geschöpfe im Licht der schwach brennenden Laternen, die die Matrosen trugen.

Es gab nie einen seltsameren, wilderen Anblick als das Bild, das die armen, halb ertrunkenen Geschöpfe boten. Einige der Frauen unterbrachen ihr Schluchzen und Wehklagen kaum einmal, außer wenn sie ihre Kehlen durch einen Mundvoll Essen oder Trinken zum Schweigen brachten. Sie waren sehr hässlich, dunkel wie Kaffee; und ihr schwarzes, nasses Haar, das wie Seetang über ihre Schultern und Brauen unter ihren durchnässten Mützen strömte, ließ sie wie Hexen aussehen. Die Männer redeten heiser und eifrig mit vielen leidenschaftlichen Gesten, die auf heftige Denunziation hindeuteten. Der Maat kam zur Sprengluke hinunter, um die diese Leute hockten, aßen, tranken, stöhnten und plapperten, ohne die geringste Rücksicht auf die Menge neugieriger Augen zu nehmen, die sie vom Achterdeck aus musterten – der Maat, sage ich, kam hinunter, sah sie eine Minute lang an, warf dann einen Blick um sich und fragte, als er mich sah, ob ich Französisch spreche.

„Ja", sagte ich, „aber nicht so Französisch, wie diese Leute sprechen."

„Wir haben drei Passagiere", sagte er, „von denen man mir sagte, sie seien Gelehrte dieser Sprache. Aber der Steward teilte mir mit, sie seien zu seekrank, um an Deck zu kommen. Fragen Sie diese Leute einfach in Ihrem Französisch, ob ihr Kapitän unter ihnen ist."

Während er dies sagte, saß ein kleiner alter Mann auf der Lukensülle. Er trug eine rote Nachtmütze , riesige Ohrringe und sein ledernes Gesicht war zu tausend Falten verzogen wie das Grinsen eines Affen. Er blickte zu Mr.

Prance auf, nickte mit furchterregender Energie und schlug sich mit der geballten Faust auf die Brust. Dann rief er: „ Pfui , pfui , mein Kapitän ."

„Ha!", sagte der Maat, „sprechen Sie dann Englisch?"

„ Pfui , pfui ", brüllte er. „Ich spreche ' Angleesh .'

Glücklicherweise wusste er genug, um mir die Mühe des Dolmetschens zu ersparen; und es wäre eine gewaltige *Mühe* gewesen, denn obwohl es völlig sicher war, dass keiner von ihnen, außer dem kleinen Mann mit dem Affengesicht, auch nur eine Silbe der Fragen des Maat verstand, begannen jedes Mal, wenn der kleine, verkümmerte Kerl antwortete – was er mit außerordentlichen Zuckungen und einer Vielzahl wilder Gesten tat – alle anderen zu sprechen, die Frauen fielen ein, und es herrschte ein solches Durcheinander, dass ich in dem verwirrenden Streit keinen Zentimeter Ahnung hatte. Doch mit der Zeit machte das lederne Männchen, das sich Kapitän nannte, Mr. Prance klar, dass der Lugger Boulogne gehörte und dass sie die Überlebenden eines anderen Luggers an Bord hatte, was zum Zeitpunkt der Kollision insgesamt etwa vierunddreißig Seelen, Männer und Frauen, ausmachte, von denen siebzehn oder achtzehn ertranken . Nachdem er Mr. Prance diese Zahlen genannt hatte, wandte er sich an die anderen und sagte etwas mit schriller, wilder, schneller Stimme, woraufhin die Frauen zu kreischen und zu weinen begannen, während viele der Männer sich die Haare rauften und einige so weit gingen, ihre Köpfe gegen die Vorderseite der Koje zu schlagen. Es war ein Anblick, der einem das Herz brechen ließ, umso mehr, glaube ich, als das unaussprechliche Element grotesker Farce, das durch ihre Mienen, Haltungen und ihr Verhalten in diese düstere Tragödie gebracht wurde ; und nachdem ich genug gehört und gesehen hatte, schlich ich mich auf das Achterdeck, und ein Schauer lief mir bis in die Seele, als ich an die ertrunkenen Körper dort draußen dachte, während mein Blick auf das Meer fiel, das schwarz vor der unruhigen Linie des Mondscheins schwankte und in aschgrauen, leuchtenden Wogen auf diesem kalten Lichtpfad wogte.

Aber schon lange vorher waren unsere Raketen, Blaulichter und Leuchtfackeln zu sehen gewesen; und einen Moment oder zwei, nachdem ich das Achterdeck erreicht hatte, erspähte ich die Gestalt von Kapitän Keeling mit einigen männlichen Passagieren an seiner Seite, die an der Reling standen und zusahen, wie ein mächtiger Kutter dicht am Wind durch die Reling auf uns zukam, das Wasser brodelte vor Begeisterung und das große Großsegel war bis zur Hälfte hoch und dunkel von der Sättigung der vorbeifliegenden Salzlake. In weniger als zwanzig Minuten hob und senkte er sich schwimmfähig wie ein Seevogel neben uns, und eine schattenhafte Gestalt an seiner Leereling brüllte mit schallender Lunge, um zu wissen, was los war.

Lugger überfahren ", rief Kapitän Keeling, „und habe die Hälfte seiner Leute an Bord. Ich muss sie sofort an Land bringen, denn ich möchte weiterfahren."

„Genau , Sie haben recht ", kam es von dem Kutter, aber in seinem Ruf klang, wie ich mir unwillkürlich vorstellen konnte, ein Unterton von Verärgerung und Enttäuschung mit.

Dann folgten einige wunderbare Manöver . Es gab nur eine Möglichkeit, die elenden Franzosen umzuladen, und zwar mit einer Rahpeitsche und einem großen Korb. Hände sprangen in die Höhe, um die notwendige Takelage vorzubereiten; währenddessen donnerte Prance vom oberen Ende der Achterleiter aus dem Kutter durch ein Sprachrohr die Absichten des Ostindienfahrers zu. Ich konnte sehen, wie der alte Keeling von Zeit zu Zeit ungeduldig stampfte, als er sich von den Fragen der Passagiere, darunter Colonel Bannister, abwandte und einen schnellen Gang voller Kummer und Gereiztheit annahm. Inzwischen hatten sie an Bord des Kutters das Ruder gewechselt und sich auf das schöne kleine Boot gesetzt. Ich sah, wie es die Last des Windes aufnahm und bis zur Linie seiner Bordwand krängte, dann eine dunkle See in kochende Milch verwandelte, über die flüssige Böschung sprang, wie ein Pferd ein hohes Tor nimmt, sich mit der Nase unter dem abwärts gerichteten Ansturm vergrub und dann wieder auf die Höhe der nächsten Woge aufstieg, mit vollem Vormarsch. Sie kam zischend und reißend hindurchgesegelt, als wäre ihr verkupferter Vorderfuß aus glühendem Metall, und als sie auf gleicher Höhe mit unserem Lee-Viertel war, legte sie das Ruder ab und schwebte mit wunderbarer Anmut und Präzision neben uns her, frei von unseren scherenden Masten, und da lag sie.

Es war kurz vor Mitternacht, als die letzte Korbladung auf ihr Deck herabgelassen worden war . Es gab keine Probleme; alles ging gut; eine am Korb befestigte Leine ermöglichte es den Leuten des Kutters, ihn problemlos auf ihr Deck zu ziehen; aber die Angst der unglücklichen Franzosen war schmerzlich anzusehen. Die Frauen stiegen tapfer in den Korb; aber viele der Männer weigerten sich rundweg, einzusteigen, und mussten mit Gewalt hineingezwängt werden. Unsere Jacks hielten sich fest, bis der Befehl zum „Wegschwimmen" gegeben wurde, woraufhin der arme Crapaud aufstieg , Rache an uns allen schrie und die Jungfrau und die Heiligen um Hilfe anrief. Auf seine Art war es wie ein kleines Gefecht mit einem Feind. Einige der Franzosen zogen Messer und mussten niedergeschlagen werden .

Dann, als auch der Letzte über Bord gehoben und zu Wasser gelassen wurde , rief Kapitän Keeling dem Kutter zu: „Geht es Ihnen gut?"

„Na gut“, antwortete eine tiefe Stimme, heiser vom Rum und dem Wetter. „Ich nehme an, Ihre Besitzer werden dafür sorgen, dass sich der Job für uns lohnt, oder?“

„Ja, ja “, antwortete der Kapitän. „Rund um die Topsegelrah, Mr. Prance. Jetzt aber schnell! Diese Sache hat uns schon eine halbe Nacht gekostet.“

In wenigen Minuten wurden die großen Rahen am Großsegel langsam mit lautem Hecheln der Matrosen an den Windhaken geschwenkt, und das Schiff, das die Last des Windes in der riesigen, dunklen Mulde des Marssegels spürte, neigte sich mit neuem Lebensimpuls und trieb einen halben Morgen Schaum vor sich her. Wir hatten unsere Reise wieder aufgenommen, und mit einem Gefühl höchster Erschöpfung in mir nach den aufregenden Stunden und bis ins Mark durchgefroren von meinem langen Aufenthalt an Deck und dem unaufhörlichen Herumlungern im scharfen Nachtwind betrat ich den Salon, bestellte ein Glas Grog und machte mich auf den Weg zu meiner Koje.

KAPITEL III MEINE MITPASSAGIERE

WEHTE ein starker Wind. Bald nachdem ich das Deck verlassen hatte , rollten sie das Großsegel und das Bramsegel ein, refften das Großmarssegel und banden ein weiteres Reff am Besanmarssegel. Tatsächlich sah es so aus, als ob wir einen schwarzen Sturm bekommen würden, und zwar mit voller Kraft, mit der sicheren Aussicht, dann wieder in Richtung Downs zu segeln. Wie es in diesen Dampfschiffzeiten sein mag, will ich nicht sagen; aber meine Erfahrung mit dem alten Segelschiff ist, dass die erste Nacht draußen, egal wie das Wetter ist, im Großen und Ganzen die schlimmste Zeit ist, die ein Mensch in irgendeiner Phase seines Lebens durchmachen muss.

Mr. Colledge schlief tief und fest in seiner Koje, seine Brandyflasche in bequemer Reichweite. Es war ziemlich sicher, dass er nichts von der Aufregung an Deck gehört hatte. Ich zog mich aus, rollte mich in mein Bett und lag dort lange Zeit hellwach . Das Schiff knarrte wie eine Wiege. Die ganze Tristheit einer ersten Nacht draußen überkam mich, und sie wurde noch gewichtiger – wie viel gewichtiger tatsächlich! – durch die Erinnerung an die wilde und plötzliche Tragödie des Abends. Oh, die unerträgliche Ermüdung der Geräusche, das Spannen der Schotten, das sehnsüchtige Tosen der dunklen Brandung, die gegen das Bullauge schwappt, deren Brodeln im Wind zu einem schwachen Sieden verebbt, das augenblickliche Taumeln des Schiffes beim Aufprall einer schweren See direkt auf den Bug, das Gefühl des atemlosen Sinkflugs, wenn das Schiff mit einem gewaltigen Stoß nach Luv in die Wellenmulde gerät, das Pendelschwingen der eigenen Kleidung, die an der Schottwand hängt, die halb erstickten Ausrufe aus den Nachbarkabinen, das Ganze verstärkt durch die gelegentlichen heiseren Lieder der Matrosen von oben, die man schwach hört, als sei man in einem Gewölbe , und dieses seltsame vibrierende Summen, das der Wind erzeugt, wenn man ihm aus der Kajüte eines Schiffes lauscht.

Schließlich schlief ich ein und wurde um halb acht vom Steward geweckt, der wissen wollte, ob ich heißes Wasser zum Rasieren wollte. Sobald ich wieder zu Bewusstsein kam, spürte ich, dass die See schwer war.

„Danke, heute Morgen nicht rasieren", sagte ich, „es sei denn, ich habe Lust, mir die Nase abzuschneiden. Wie ist das Wetter, Steward?"

„Es bläst ein starker Wind aus Süden , Sir", antwortete er und sprach mit den Lippen auf das Jalousie der geschlossenen Tür, „und das Schiff fährt dahin – und irgendwie wie eine Rauchwolke."

Da rief ihn jemand und er trabte davon.

Mr. Colledge erwachte. „Mein Gott!", rief er aus. „Ich habe verdammt lange geschlafen."

„Wie fühlen Sie sich?", sagte ich.

„Ich bin nicht in der Stimmung aufzustehen", antwortete er. „Ich nehme an, ich kann mir das Frühstück, das ich wahrscheinlich essen werde, hierher bringen lassen?"

„Gesundheit, ja", antwortete ich.

„Gibt es Neuigkeiten, Mr. Dugdale ?", fragte er, und seine Stimme begann zu zittern, da ihn mit dem Erwachen seiner Sinne auch ein Gefühl der Übelkeit befiel.

Logger überfahren ", sagte ich, „und viele Männer sind ertrunken. Das ist alles."

Er musterte mich trübsinnig, weil er dachte, ich würde vielleicht scherzen, und sagte dann: „Nun, da haben Sie es, wissen Sie. Gestern haben Sie vom Spaß einer Reise gesprochen, und der allererste Spaß ist das Ertrinken einer Menge Menschen."

„Und Frauen", sagte ich.

„Arme Teufel!", rief er aus. „Können Sie mir eine Flasche ungarisches Wasser geben, die Sie in meinem Reisekoffer finden? Vielen Dank, Dugdale . Und würden Sie dem Steward bitte sagen, wenn Sie durch die Kabine kommen, dass er mir eine Tasse Tee bringen soll?"

„Stehen Sie bald auf, wenn Sie sich dazu in der Lage fühlen", sagte ich. „ Die Seekrankheit zu hegen , macht den Dämon nur noch unbarmherziger. Kommen Sie an Deck, und der Wind wird die Übelkeit aus Ihnen herausblasen. Und ich werde Ihnen ein besseres Heilmittel nennen als ungarisches Wasser oder Brandyflaschen – ein Würfel Pökelfleisch, Colledge , ein herzhaftes Stück Seerindfleisch, etwas, das Ihre Kiefermuskeln trainiert und Ihre Zähne schärft."

„Oh Gott, mein lieber Freund – tun Sie das nicht ", rief er und drehte sein Gesicht zur Schiffswand. Und ich hörte ihn ausrufen, als murmelte er vor sich hin: „Wie das Wasser um dieses Fenster gurgelt und was für ein scheußliches , kränkliches Grün es hat!"

Aber nur sehr wenige von uns versammelten sich um den Frühstückstisch. Colonel Bannister war da, ein stämmiger Mann mit einem Gesichtsausdruck wie ein bengalischer Tiger , der zwischen seinen weißen, drahtartigen Koteletten hervor um sich blickte. Ebenfalls anwesend waren Mr. Emmett, ein Künstler, der in den Osten reiste, um indische Landschaften zu malen, ein Mann mit langem, lockigem Haar, einem struppigen Bart und

Schnurrbart, einem Samtmantel und byronischen Kragen, aus denen sein langer, dünner Hals wie die Spitze einer Stange durch den Anzug einer Vogelscheuche ragte; Mr. Peter Hemskirk , der in seiner Kleidung heute Morgen ungewöhnlich dick, blass und unfertig aussah; zwei junge Burschen vom öffentlichen Dienst – wie wir ihren Beruf jetzt nennen würden – namens Greenhew und Fairthorne ; und Mr. Sylvanus Johnson, ein Journalist, der nach Bombay oder Kalkutta (ich bin mir nicht sicher, in welcher Stadt) ging, um eine Zeitung herauszugeben – ein Mann mit kugelrundem Kopf und einem irgendwie komischen Gesicht, sehr blau um die rasierten Wangen und kleinen, scharfen, ruhelosen schwarzen Augen voller Intelligenz, deren Aussagekraft in dieser Hinsicht nicht durch einen Ausdruck seltsamer Selbstgefälligkeit beeinträchtigt oder abgeschwächt werden durfte. Kapitän Keeling saß am Kopfende des Tisches, zusammengesunken in seinem einheitlichen Gehrock mit steifem Satinkragen und -korsett. Mr. Prance saß am anderen Ende des Tisches. Auch er trug eine Uniform, die der Kleidung des Kapitäns ähnelte. Er hatte ein angenehmes braunes Matrosengesicht und eine schwebende Kopfhaltung auf seinen Schultern, die an eine Seifenblase auf einem Pfeifenstirn denken ließ. Es waren keine Damen da . Einmal erhaschte ich einen flüchtigen Blick auf Mrs. Colonel Bannisters römische Nase und ihr graues Haar, geschmückt mit einer großen schwarzen Spitzenkappe, wie sie für einen oder zwei Augenblicke unabsichtlich in der breiten Luke hinter dem Stuhl des Ersten Offiziers schwebte, durch die die Stufen zu den Schlafkojen führten . Doch die Erscheinung verschwand mit fast erschreckender Plötzlichkeit, als wäre die alte Dame gestürzt oder gewaltsam nach unten gezogen worden. Als ich später nach ihr fragte, erfuhr ich, dass sie sich wieder in ihre Koje begeben hatte.

Es war ein sehr ungemütliches Frühstück. Das Schiff schwankte heftig und krampfhaft auf der kurzen, stürmischen Meere des Kanals – dem unerträglichsten aller Gewässer, wenn es in Aufruhr ist, und ließ sogar das gewürzte Salzwasser sich nach dem langen, regelmäßigen, rhythmischen Auf und Ab der blauen Meereswogen sehnen. Die Geigen verhinderten, dass die Teller auf unseren Schoß rutschten; aber ihr Inhalt ließ sich nicht so leicht an seinen Platz bringen; ein ungewöhnlich heftiger Ruck schleuderte eine große Portion Leber und Speck auf Mr. Hemskirks Knie; und der Schiffsarzt, Dr. Hemmeridge , wäre beinahe schwer verbrüht worden, als Mr. Johnson, der Literat, nach einer Tasse Tee griff, das schwingende Tablett kippte. Es wurde nicht viel geredet, und das wenige, was gesagt wurde, drehte sich hauptsächlich um den Vorfall vom Vorabend.

„Captain", rief der junge Mr. Fairthorne mit femininer Stimme – er war offenbar der Gentleman, der letzte Nacht irgendjemanden aufgefordert hatte, die Ayah zu ersticken – „ was soll aus diesen armen Franzosen werden ?“

„Sir“, antwortete Kapitän Keeling in einem Ton, der so steif war wie ein Marlinstachel, vor lauter Abneigung gegen das Thema, „ich weiß nicht.“

„Die Franzosen“, rief Colonel Bannister mit lauter Stimme, als leite er das Manöver einer Kompanie Sepoys , „sind die Erbfeinde unseres Landes, und einem Briten ist es völlig egal, was aus ihnen wird.“

"Schläf meine Träne, Sir", bemerkte Mr. Hemskirk , "Sie sind Brite, ja - und Sie sind auch Christ, und der Franchman ist dein Bruder .'

„Mein was?“, brüllte der Oberst. „Sagen Sie , was es ist, Mr. Hemskirk : Es ist gut, dass Sie unsere Sprache nicht aussprechen können, sonst könnten Sie manchmal anstößig wirken, Sir.“

Mynheer , der diese kleine Sexbombe von einem Mann offenbar schon früher gekannt hatte, trocknete sich mit einer Serviette das Fett von den Lippen und zwinkerte Mr. Greenhew zu , dessen verärgertes Gesicht angesichts dieser Vertraulichkeit mich in einen so maßlosen Lachanfall ausbrechen ließ, dass mir nichts anderes übrig blieb, als vom Tisch aufzuspringen.

Als ich das Deck erreichte, bot sich mir ein wahres Kanalbild : ein grauer Himmel, stellenweise aufgehellt von einer Art Glanz, der an die rostige Bronze erinnerte, die im Kielwasser eines Sonnenuntergangs zurückblieb. Abgesehen von diesen trüben Lichtflecken war in dem weiten, kalten, kahlen Himmel über unseren Masten nirgends ein Bruch zu sehen. Der starke Wind war trocken, doch der Horizont war überall von Regen bedeckt; und aus der Glut im Süden rollte das Meer in dunkelgrünen Höhen, reich an schäumendem Schaum, der das Auge irgendwie zu befriedigen schien, als wäre jeder schäumende Kamm ein Sonnenstrahl. Eine halbe Meile in Luv von uns taumelte ein Klacks dahin und sank und stieg unter einem Stück des roten Großsegels auf; aber sonst war nichts zu sehen .

Der Wind wehte uns ungehindert – fast genau querab, und die *Gräfin Ida* schwärmte durch ihn hindurch, auf eine Art, die einem beim ersten Anblick des Bildes, das sie abgab, das Herz schneller schlagen ließ. Das Bramsegel war über dem einfach gerefften Großmarssegel gesetzt ; das ganze Focksegel war aufgesetzt und riss das große Schiff mit den anderen Marschsegeln und ein oder zwei Stagsegeln durch die kurzen, wilden Wassermassen mit einer Kraft, die Dampf im Vergleich dazu als unbedeutend erscheinen ließ. Das Vorschiff war nass von der Gischt. Der Schornstein der Kombüse rauchte fröhlich, und von überall im Langboot drangen herzhafte Bauernhofgeräusche herüber, das Grunzen von Schweinen, das Blöken von Schafen und das Gackern von Hühnern. Eine Gruppe von Matrosen stand an den Pumpen, und während sie mit nervösen, sehnigen Armen die Bremsen betätigten, stimmte ihr Gesang mit dem Rauschen des Wassers überein, das ungehindert zu den Speigatten strömte und bei jeder Windrichtung wieder an ihre Füße zurückgespült wurde. Andere Matrosen waren an den Karronaden beschäftigt, reinigten mit Scheuerbürsten den Anstrich , wickelten Ausrüstung auf Bolzen auf und so weiter und so fort. Es war nach acht, und alle Mann waren an Deck, und es sah aus wie eine schöne Truppe von Schiffsjungen , obwohl die meisten von ihnen in schwarze oder gelbe Ölmäntel eingemummelt waren . Damals fuhren die Schiffe mit voller Besatzung, und wäre unsere Artillerie nicht so schwach gewesen, hätte man sich leicht vorstellen können, man sei an Bord eines Kriegsschiffs, wenn man den Blick über das Deck der *Gräfin Ida schweifen ließ* , die Mannschaft zählte und den Metzger und seine Metzgergesellen, den Koch und *seine* Gesellen, den Bäcker und *seine* Gesellen, den Zimmermann und *seine Gesellen bemerkte, die kamen und gingen und die* Umgebung der Galeere sehr ordentlich durchkämmten .

Der warm gekleidete zweite Maat schritt auf der Wetterseite des Achterdecks auf und ab, warf viele wetterbedingte Blicke seewärts und hob seine Augen häufig zu der runden, eisenharten Leinwand, während sich vor dem strahlend weißen Kielwasser des Schiffes, das tosend und brodelnd nach oben bis zur Böschung des riesigen, quadratischen Hecks des Ostindienfahrers zu streben schien, die Gestalten der beiden Matrosen am großen Steuerrad klar und deutlich wie Kameen abzeichneten, während das breite Messingband auf dem Kreis einen kupfernen Lichtfleck am Himmel über der Rah des Besanmars matt reflektierte und die frisch polierte Haube des Kompasshäuschens glänzte, als hätte sie die Sonne berührt. Ein paar Fähnriche in Cabanjacken und Messingknöpfen, lockige junge Gauner, deren Blicke den Schalk ins Gesicht trieben, patrouillierten auf der Leeseite des Achterdecks; und oben auf der Besanmarse saßen noch zwei von ihnen, und noch ein langbeiniger Kerl lenkte einen Sporn der Salingen, wobei seine weiten Hosen wie eine Flagge klapperten; aber welchen Job er machte, konnte ich nicht sagen. Die Planken dieses Decks waren so weiß wie der Stamm eines Baumes, der gerade entrindet wurde. Vier schöne Achterboote schaukelten an den Davits. Entlang der Reling auf beiden Seiten verlief eine Reihe Hühnerställe, durch deren Gitterstäbe die Köpfe von Hähnen und Hühnern blinzelnd kamen und gingen, wie ein schnelles Zeigen und Zurückziehen roter Lumpen. Auf der Reling waren über eine beträchtliche Distanz Bündel gepressten Heus verstaut, deren Geruch ein echtes Rätsel für die Nase war, da er durch den harten Wind des Salzwassers drang. Die weißen Oberlichter schimmerten durch den Messingdraht , der sie abschirmte. Hinter dem Steuerrad, auf beiden Seiten, ihre mit Trommeln versehenen Mündungen blind beäugt durch die dafür vorgesehenen Luken, befanden sich zwei Achtzehnpfünder; denn damals waren die Indienfahrer noch bewaffnet; zwar nicht so schwer bewaffnet wie in früheren Kriegszeiten, aber mit genügend Artillerie und Handfeuerwaffen, um mit einiger Aussicht auf Erfolg mit dem noch schwimmenden Picaroon zu konkurrieren, dessen bösartige Flagge sich noch in den glänzenden Gewässern der Antillen spiegelte und dessen liebenswürdige Meuchelmördertruppe man unter den Höhen Afrikas und Südamerikas ebenso oft antraf wie im Kanal von Mosambik oder weiter ostwärts auf der weiten Oberfläche des Indischen Ozeans.

Ich ging über das Deck zu Mr. Cocker, der gerade trampte, und fragte ihn, ob er mir sagen könne, vor welchem Teil der englischen Küste sich unser Schiff jetzt befände.

„Ich fahre auf die Wight zu, Sir", antwortete er und drehte sich mit einem irgendwie tastenden Blick in den kleinen feuchten blauen Augen über den Leebug in die dahinter liegende Dichte.

„Na ja, wir blasen jedenfalls hindurch", sagte ich. „Ich hätte diese Absätze keinem denkbaren Bauwerk zugestehen sollen, das mit solchen Bugwellen ausgestattet ist wie die *Countess Ida* . Was ist das?", fragte ich und warf einen Blick auf das breite, blendende Hefegeflecht, das von der hohen Seite des Ostindienfahrers im Sog der Sturmflut tanzte, peitschte und geschleudert wurde.

„Es sind alle acht", antwortete der zweite Offizier. „Es wären zehn gewesen, wenn sie sich aus dem Griff der Hafenarbeiter losgemacht hätte. Sie braucht das Großsegel und das Focksegel . Diese alten Eimer sind so konstruiert, dass sie knarren, und während sie knarren, halten sie, heißt es."

Sein Gesicht verzog sich zu einem Grinsen, das ihn unter dem bis zu seinen Augenbrauen hochgezogenen Südwester und den breiten Klappen über seinen Ohren, die wie eine Nachtmütze für seinen Seehelm aussahen, zwanzig Jahre älter aussehen ließ .

„Bitte, Mr. Cocker", sagte ich, „wurde bei der Kollision letzte Nacht Schaden am Schiff verursacht?"

„Nicht einmal ein Seil war gerissen", antwortete er. „Ich sah, dass die Sprietsegel-Rah gerissen war, denn ich schätze, diese Spiere war es, die die Masten des Luggers an den Wanten über Bord gezogen hat . Aber sie ist genauso intakt wie alles andere an Bord des Schiffes."

Er bewegte sich unruhig, als wollte er sich davonmachen, und als ich den Kopf drehte, erspähte ich den Kapitän, der ins Kompasshaus sah. Da ich also schon genug vom Deck hatte, ging ich nach unten, um in der Kajüte eine zu rauchen, wo ich Mr. Emmett in einem langen Umhang fand, wie ihn geheimnisvolle Mörder und abtrünnige Adlige im Coburg Theatre zu tragen pflegten, wie er an einer großen, geschwungenen Meerschaumpfeife sog und über das Thema Längengrad mit einem kleinen Mann diskutierte, der fast ein Zwerg war, einem ehrlichen und hochintelligenten Zwerg, dessen Kopf wie ein Riese auf den Beinen eines sechsjährigen Jungen ruhte, einem liebenswürdigen, ernsthaften kleinen Wesen, das die Angewohnheit hatte, einem wehmütig ins Gesicht zu blicken. Sein Name war Richard Saunders, und ich erfuhr später, dass er im Auftrag einer pharmazeutischen Gesellschaft nach Indien reiste, um Informationen und Beispiele für hinduistische und andere Medikamente, Drogen, Zaubermittel usw. zu sammeln.

Nun, den ganzen Tag über wehte ein sehr starker Wind. Das Schiff stürzte immer stärker, als sich der Kanal unter dem Bug öffnete und etwas von der Wucht des Atlantiks auf seinen Wellengang einwirken ließ. Die Gischt spritzte ständig scharf über das Vorschiff, und die Nässe schluchzte heran; die Speigatten im Windschatten hielten sie unter der Achterleiter fest. Nur sehr wenige von uns versammelten sich zum Mittag- oder Abendessen.

Während dieser letzten Mahlzeit verließ Colonel Bannister den Tisch und ging nach unten. Nach einer Weile erhob er sich durch die Luke, während ihn seine große, vornehm aussehende Frau festhielt. Als Mynheer Peter Hemskirk sie sah, rief er aus: „Ah, Meestrees Bannister, Boot dot iss das nenne ich Pfusch !' und Mr. Johnson brach sich beinahe das Genick, als er im Vorbeigehen aufstand. Sie nahm auf einem Stuhl neben ihrem Mann Platz, saß da und starrte grimmig um sich, ihre Lippen waren blass vom Zusammenpressen. Sie schüttelte bei jedem Vorschlag des Stewards den Kopf, und dann, als sie es nicht mehr aushalten konnte, packte sie ihren kleinen Ladestock von einem Mann und taumelte und rollte mit ihm nach unten. Als er zurückkam, kippte er mit wütender Geste und grimmiger Miene ein Glas Wein hinunter, rief, während er Hemskirk ansah: ,Ich habe großen Respekt vor meiner Frau, Sir, und sie ist im wahrsten Sinne des Wortes eine feine Frau.' – Der Holländer nickte. – ,Aber', fuhr der Colonel fort und ballte die Faust, ,wenn ich je wieder mit einer Frau zur See fahre, sei sie Frau, Tante oder Großmutter, möge ich für einen Wahnsinnigen vergiftet und meine sterblichen Überreste in die Tiefe geworfen werden. Ich habe es jetzt zum vierten Mal geschworen – jetzt bin ich fest entschlossen!'

Über all diese Dinge konnte man hier und da lachen; aber im Großen und Ganzen war es eine verzweifelt mühsame Arbeit, und das blieb so, bis wir aus den Tiefen der Lotungen herausgekommen waren. Alles in allem war es eine so hässliche Fahrt den Kanal hinunter, wie jeder Mann beten würde, um davor bewahrt zu werden; die Atmosphäre war grau, die See schlammig grün, die heulende Kälte war wie ein Novembermorgen, oft dunkelte sie zu einem Sturm auf, der in horizontalen Regenstreifen, die wie Stahl funkelten, zwischen den Masten herniederfegte und mit so viel Bosheit in seinen

Stichen, dass selbst der Stärkste gezwungen war, ihm den Rücken zu kehren. Ab und zu erschien eine Passagierin in der Kajüte, aber obwohl wir insgesamt etwa 28 Personen waren (ein paar Ayahs und einen Chinesen in Landestracht, der das Baby einer gewissen Mrs. Trevor am Krankenbett stillte), setzten sich in jenen Tagen, mit Ausnahme des Kapitäns und seiner Kameraden, nie mehr als sieben von uns zum Essen.

Das trübe Wetter lastete schwer auf dem Gemüt des Kapitäns, ließ ihn bei Tisch in Gedanken versinken, entließ ihn nach kurzem Sitzen an Deck und ließ ihn dort aufmerksam und schweigsam bleiben. Er hatte eine Kollision gehabt und wollte keine weitere; und Sie werden feststellen, wie sehr ihm diese Tragödie geholfen hatte, wenn Sie ihn in der Kajüte beobachten, wie er bei dem geringsten ungewöhnlichen Geräusch an Deck die Ohren spitzte, auf den verräterischen Kompass über seinem Kopf blickte, als wäre es die Sonne, auf deren Gelegenheit er geduldig gewartet hatte, zu „schießen", sein Essen hinunterschluckte und dem Steward ungeduldig zuwinkte, ihm zu helfen, und die Kabinentreppe hinaufstürmte, ohne uns zu lächeln oder uns für das Verlassen des Tisches zu entschuldigen.

KAPITEL IV
LOUISE TEMPLE

DOCH schließlich kam es zu einer Wende. Ouessant lag damals viele lange Meilen hinter uns, und die Nacht war dunkel, aber ruhig gewesen, mit einer langen Dünung aus Biscaya, die sich bis zu unserem Steuerbordviertel ausbreitete, und einem Spiel von Wetterleuchten vor dem Leebug, und genug Wind, um den Ostindienfahrer mit etwa sechs Knoten hindurchzutreiben, mit eingerollten Segeln und Querhecken und der Luvklampe des Großsegels oben. Dies war, wie das Bild zeigte, als ich um fünf Uhr morgens - halb elf - zu Bett ging, und als ich am nächsten Morgen meine Augen öffnete, sah ich, dass die Koje im Sonnenschein strahlte. Schott und Decke zitterten vor Herrlichkeit der Wellen, die durch die große, runde Luke oder das Bullauge vom Meer herüberwehten. Das Schiff gleitete majestätisch dahin, mit einem langsamen, langen, schwebenden Heben und Senken, das keinerlei Geräusch von Knarren oder Anstrengung verursachte und das nach der langen Phase des Taumelns alle Sinne und alle ermüdeten Knochen ebenso erfreute wie die feste, sich lösende Oberfläche trockenen Landes.

Mr. Colledge rasierte sich. Ich lag da und betrachtete ihn ein paar Minuten lang, bewunderte das hübsche, vornehme Aussehen des jungen Mannes und dachte, es sei schade, dass einer so männlichen Schönheit wie seiner die weihende Note eines intellektuellen Ausdrucks fehlte, der seinen körperlichen Anmuten entsprach. Er sah mich im Spiegel, in dem er sich rasierte.

„Guten Morgen, Dugdale . Mir geht es wieder gut, weißt du . Ich werde mein Frühstück in der Kajüte einnehmen und dann an Deck gehen."

„Freut mich zu hören", sagte ich und streckte meine Beine über die Seite der Koje.

„Ich nehme an, heute Morgen werden ein paar Mädchen da sein", sagte er. „Wer zum Teufel sind die Passagiere, frage ich mich? Ist irgendjemand ganz Nettes an Bord, abgesehen von der tollen jungen Dame mit den schwarzen Augen?"

„Fast jeder war so seekrank wie Sie", sagte ich. „Und die wenigen, die sich blicken ließen, sind Männer – Ihr Freund Emmett, der dicke Holländer und zwei oder drei andere."

„Oh, du meinst Mynheer „Hemskirk , der korpulente Kerl, dessen Stimme klingt, als würde ein Mann in einer Rum-Punschine durch das Spundloch sprechen."

Ich fragte ihn, ob er mir etwas über Miss Temple, die schwarzäugige Dame , erzählen könne .

„Jemand hat mir in Gravesend erzählt", antwortete er – „aber ich weiß nicht, wer es war –, dass sie eine Tochter von Sir Conyers Temple ist. Ich glaube, ich habe meinen Vater von ihm als einem Mann sprechen hören, mit dem er gejagt hat. Wenn er dieser Sir Conyers ist, hat er sich vor vier Jahren bei einem Hindernisrennen das Genick gebrochen."

„Ich frage mich, wer die junge Dame nach Indien begleitet?", sagte ich.

„Ihre Tante, glaube ich; aber ich kenne ihren Namen nicht. Aber ich sage Ihnen, was macht Sie so neugierig?"

„Oh, mein lieber Colledge ", sagte ich, „man ist immer neugierig auf seine Mitreisenden an Bord. Das Mädchen kam neulich nachts an Deck zu mir, als der Krawall über die Kollision in vollem Gange war. Ich sehe jetzt ihre großen Augen – schwarz wie Ebenholz, aber auch leuchtend, mit der Flamme einer Fackel an der Seite, die sich in jedem prächtigen Auge in einem purpurnen Fleck spiegelte, der ihr blasses, verhülltes Gesicht so mystisch machte wie eine Erscheinung in der Nacht."

Er drehte sich um, starrte mich an und brach in Gelächter aus. „Also! *Sie* sind der Dichter unter den Passagieren, was? So wie Emmett der Maler ist? Was soll *ich jetzt* machen ? Oh, da läutet die erste Frühstücksglocke! Gott segne uns, wie herrlich es ist, nicht seekrank zu sein!"

Wir plapperten noch eine Weile weiter, dann verließ er die Koje und wenig später folgte ich ihm.

Die große Kajüte bot ein Aussehen, das sie vorher noch nie gezeigt hatte. Das Sonnenlicht glitzerte durch die Oberlichter, und das Innere war erfüllt vom blauen und silbernen Glanz des üppigen und willkommenen Herbstmorgens draußen. Der lange Tisch erstrahlte mit den silbernen und kristallenen Möbeln aus weißem Damast, und durch die Glaskuppeln im Oberdeck konnte man sehen, wie sich die Leinwand am Besansegel in milchiger Weichheit von Rah zu Rah wölbte, während die Segel bis zur Höhe der zarten kleinen Royal aufstiegen.

Die Passagiere kamen einer nach dem anderen vom Deck oder von unten herauf; der Wetterumschwung hatte wie ein Zauber gewirkt, und hier war nun der ganze Haufen von uns, mit Ausnahme einer alten Dame , und man konnte einen Blick auf die beiden Ayahs erhaschen, die sich auf dem Achterdeck sonnten. Der Kapitän, der ein wenig abgestanden aussah, als hätte er zu viel die ganze Nacht gearbeitet, aber in der Zuckerbäckerei seiner Uniform ziemlich schick wirkte, hielt vom Kopfende des Tisches aus eine kleine Rede mit Komplimenten an die Damen und Herren. Der alte Mann hatte eine gewisse Höflichkeit an sich, die durch eine Art Tiefsee- Flair in seinem Benehmen und seinen wechselnden Gesichtsausdrücken nicht wenig an Reiz gewann. Mir gefiel die Art der Verbeugung, mit der er jede Antwort an jede Dame begleitete, die ihn ansprach.

Ich saß am unteren Ende des Tisches zur Rechten des Ersten Offiziers und hatte einen ziemlich guten Überblick über die Leute, mit denen ich, wie ich annahm, die nächsten drei oder vier, vielleicht sogar fünf Monate zu tun haben würde. Es waren mehrere Mädchen unter uns – zwei Miss Joliffes , drei Miss Brookes , Miss Hudson und vier oder fünf weitere. Miss Hudson war außerordentlich hübsch – dunkelgoldenes Haar und eine Haut zart wie eine Lilie, auf der eine Art goldener Schimmer lag – oh, nennen Sie es nicht Sommersprossen! Obwohl ich vermute, dass die bezaubernde Wirkung von etwas dieser Art herrührte. Ihre Augen waren groß, feucht, violett und hatten leicht hochgezogene Augenbrauen, die ihnen einen schelmischen Blick verliehen. Mr. Sylvanus Johnson, der neben mir saß, murmelte mir, nachdem er sie eine Weile angestarrt hatte, mit dramatischem Unterton ins Ohr: „Perdita hat dieses Mädchen ausgedrückt, Sir:

Veilchen verblassen,

Aber süßer als die Lider von Junos Augen

Oder Cythereas Atem.‘

„Wenn das ihre Mutter neben ihr ist“, sagte ich, „dann richten Sie Ihre Aufmerksamkeit auf sie, Mr. Johnson, und Perditas Fantasie wird erlöschen!“

Und tatsächlich war Mrs. Hudson ein ganz außergewöhnlicher, ich möchte sagen, krasser Gegensatz zu ihrer Tochter: eine spießige Dame von etwa fünfzig Jahren mit schwerer Unterlippe , aufgedunsenen Wangen von bläulicher Tönung und einer Perücke, deren jugendlicher Farbton jede Spur von Alter in ihrem Gesicht deutlich erkennen ließ, bis man glaubte, sie sei um einige zwanzig Jahre älter, als sie tatsächlich war.

Doch das Innere wurde durch diese Damen wunderbar vermenschlicht . Ihre Kleidung, das Funkeln der Juwelen in ihren Ohren, an ihren Fingern und Hälsen, hier und da ein Turban hoch oben auf einem mütterlichen Kopf – es war das Zeitalter der Turbane und Federn –, die sanften Töne der Mädchen, die einen musikalischen Unterton durch die tieferen Stimmen der Matronen und das Knurren von uns Männern liefen, die sich über den Tisch hinweg und hinauf unterhielten, peitschten die Fantasie an Land und ließen einen an Salons und Gitarren und Bücher über Schönheit denken.

Es gab jedoch eine Dame , die mir von Anfang an ins Auge fiel. Es war Miss Louise Temple, und ich kann nicht in Worte fassen, wie tief die

Bewunderung war, die ich für ihre Reize empfand . Ich habe Ihnen erzählt, dass ich sie in Gravesend kurz gesehen hatte, aber bis zu diesem Augenblick war es mir nicht gelungen, sie richtig zu sehen. Ihr Haar, das ihr, den Locken nach zu urteilen, offen bis unter die Knie gereicht hätte, war von wunderbarer Schwärze, ohne Glanz oder Abgestorbenkeit. Sie trug es auf eine Art, die damals völlig neu war: in Zwirbeln , die es zu einer Krone auftürmten , während es hinten so hochgekämmt war, dass die liebliche Form des Kopfes vom Hals bis zu den schönen Locken sichtbar wurde. Ihr Gesicht war vollkommen farblos , der Teint klar und die Haut von exquisiter Zartheit. Ihr Mund war klein, die Oberlippe leicht gebogen, und in der schwachen, kaum wahrnehmbaren Vorwölbung der Unterlippe lag die Andeutung eines Schmollmunds. Ihre Nase war vollkommen gerade, wie die einer Griechin, hatte aber die englische Einkerbung unter der Braue und besaß daher eine Schönheit, die meiner Vorstellung nach noch kein griechisches Profil besaß.

Aber ihre Augen! Wie soll ich sie beschreiben? Welchen Eindruck kann ich mit Worten wie groß, schwarz, weich und fließend vermitteln? Die Lider waren zart geädert , die Wimpern lang, und zwischen diesen Rändern leuchteten die Augen von dunkler, flüssiger Schönheit, voller Licht, wie es mir schien, einer hohen Intelligenz, mit Geist und Hochmut in jedem Blick. Sie waren das dramatischste, womit ich nicht theatralisch meine, funkelndste Paar, das je sternengleich unter der Schönheit der Stirn einer Frau funkelte; geschaffen, könnte man meinen, für die Interpretation der Shakespeareschen Vorstellungswelt, mit jeder Fähigkeit der Überraschung, Verachtung, des Grolls, der schmelzenden Zärtlichkeit und jeder feinen und edlen Leidenschaft in sich. Sie trug ein Kleid aus schwarzem Stoff, einfach wie ein Reitgewand von heute, und so passend zu ihrer Figur, dass es ohne Übertreibung jeden Anmut in den Kurven und der Fülle ihrer hohen, aber immer noch jungfräulichen Gestalt zum Ausdruck brachte.

Ich fing ihren Blick für einen Moment auf: Ich bin sicher, sie erinnerte sich an mich als den Passagier, den sie auf dem Achterdeck angesprochen hatte; doch in dem vollen, festen, schnellen Blick, mit dem sie mich beehrte , war nicht der geringste Ausdruck des Erkennens . Sie wandte den Blick hochmütig wie eine Königin von mir ab und musterte die anderen in der Reihe, die ihr gegenüberstanden, mit einem blitzenden Blick, obwohl es mir schien, als ob ihr Blick ein wenig auf dem ehrenwerten Herrn Colledge verweilte , der direkt gegenüber saß .

„Ich schätze jetzt", flüsterte Mr. Prance und lehnte sich von seinem Querschiffsposten am Fuße des Tisches aus in seinem Stuhl zu mir vor, „dass Miss Temple dort wohl die schönste Frau sein wird, die jemals auf See war."

„Es waren viele Tausend Frauen auf See", sagte ich, „seit Noah mit den Damen seiner Familie an Bord in See stach."

seit neunzehn Jahren auf Passagierschiffen", sagte er , „ und habe noch nie eine Galionsfigur wie Miss Temple gesehen. Was für Zähne sie hat! Kleine Zähne, Sir, wie sie alle Frauen haben sollten; und wo ist die Weiße, die mit ihnen vergleichbar ist?"

„Wer ist die schlichte, sympathische Frau, die neben ihr sitzt?"

„Ihre Tante, Mrs. Radcliffe", antwortete er.

„Welcher Auftrag führt dieses stattliche Geschöpf nach Indien, wissen Sie, Mr. Prance?"

„Das tue ich nicht, Sir."

„Es ist unwahrscheinlich", fuhr ich fort, „dass sie auf der Suche nach einem Ehemann ist."

„Nein, nein", murmelte er. „Für Leute wie sie gibt es zu Hause einen großen Markt. Sie braucht nicht *den* Ozean zu überqueren, um einen Liebsten zu finden. Sie ist die Tochter eines verstorbenen Baronets, ein zehnter Titel, sagte der Kapitän, und ihre Mutter hat ein großes Anwesen, von dem sie leben kann. Kapitän Keeling weiß alles über sie. Ihre Ladyschaft erlitt eine Lähmung, als ihr Mann mit gebrochenem Genick nach Hause gebracht wurde, und ist seitdem, glaube ich, ein einziger Klotz, das arme Ding. Wir haben Mrs. Radcliffe auf unserer letzten Reise nach England mitgenommen. Ihr Mann ist ein großer Plantagenbesitzer im Landesinneren und ein oder zwei Lakh wert. Ich nehme an, Miss Temple geht auf Besuch – mehr nicht. Ihre Gesundheit könnte eine Reise erfordern. Diese erlesenen Teile der Mechanik funktionieren oft nicht richtig. Sie braucht einen Hauch Farbe auf ihren Wangen. Es ist der Duft der Milchmagd, der ihr fehlt, Sir."

Er nickte freundlich, stand leise auf und ging durch die Kajüte an Deck, um den zweiten Offizier abzulösen, der während des Frühstücks auf das Schiff aufpasste.

Bei einer ersten Mahlzeit wie dieser, bei der wir alle, bis auf eine, zum ersten Mal zusammenkamen, fehlte es nicht an britischer Zurückhaltung und Schüchternheit. Wir begnügten uns hauptsächlich damit, zu starren. Nur Colonel Bannister sprach freimütig; er sprach lautstark über die Beschwerden der Armee und wurde durch die respektvolle Aufmerksamkeit eines Herrn, der ihm gegenüber saß, eines gewissen Mr. Hodder, eines großen, dünnen, nervösen Mannes mit gelber Haut, der beim Sprechen wie paralytisch den Atem anhielt und nach Indien ging, um dort eine wichtige Stelle an einem College zu bekleiden, tatsächlich unerträglich gewandt und laut. Mrs. Bannister mit ihrer Habichtsnase, dem grauen Haar und der vollen

Gestalt saß kerzengerade da, aß gierig und musterte die Gesichter um sie herum mit einem kleinen, strengen Blick.

Ich beobachtete die kleine Mrs. Radcliffe aufmerksam. Es war nicht schwer zu erraten, dass sie ein liebenswürdiger, zappeliger, ängstlicher Mensch mit elastischen Geisteseigenschaften war, der sich leicht, aber nur vorübergehend, unterdrücken ließ . Sie sprach schnell mit ihrer Nichte, flüsterte dem Mädchen das, was sie zu sagen hatte, ins Ohr, zog dabei abrupt den Kopf zurück und blickte Miss Temple ernst ins Gesicht. Die andere lächelte manchmal leicht, aber meistens wirkte sie hochmütig und geistesabwesend. Tatsächlich war leicht zu erkennen, dass ihre Meinung über ihre Mitreisenden für die meisten von uns nicht gerade schmeichelhaft war.

Es war wahrlich ein herrlicher Morgen an Deck. Es gab eine lange blaue Dünung aus dem Norden, leise wie das Heben und Senken der Brust eines Schläfers, und die weißen Knöpfe der Schiffslastwagen, die wie Silber vor dem feuchten Blau des Himmels glänzten, schwangen so langsam und sanft hin und her , dass man sie fast beobachten konnte, ohne eine Bewegung wahrzunehmen. Der Ozean war von einem tiefen Meeresblau , ganz im Osten blitzte er in der Sonne, und die kleinen Wellen jagten uns mit einer sommerlichen Stimme im liebkosenden Brodeln des Schnees ihrer Köpfe gegen die Seiten des Ostindienfahrers. Das Schiff hatte Leesegel gesetzt, und unter diesen weit überhängenden Flügeln zitterte das Wasser im Glanz, der von den schwellenden Tüchern fiel, als ob dort ein dünner Hauch von Quecksilber schwebte, prismatisch wie eine Seifenblase.

Sehr bald nach dem Frühstück war das Achterdeck gefüllt, und ich bemerkte die Jacks vorne, die nach achtern starrten, als sie uns alle sahen. Es war nicht heiß genug für ein Sonnensegel, und die Brise war noch zu scharf, warm, als die Sonne unterging, als dass die Damen längere Zeit sitzen bleiben konnten. Das Bild war heiter, voller Bewegung, Leben und Farbe . Der weißhaarige Kapitän, aufgespießt in seinem zugeknöpften und geschnürten Gehrock , patrouillierte mit Mrs. Radcliffe am Arm auf der Wetterseite des Decks. Mr. Emmett schritt mit Mrs. Joliffe und ihren Töchtern auf den Planken auf und ab, und ich konnte hören, wie er sie bat, den Kontrast zwischen den violetten Schatten in den Segelmulden und dem zarten Glanz der Ränder vor dem Blau zu bewundern, als ob sie sich an diesen Enden in puren Glanz auflösten . Der kleine Mr. Saunders trabte neben der kugelförmigen Gestalt von Mynheer her. Hemskirk , der wie ein Riese wirkte, als er in das ernst nach oben starrende Gesicht des großköpfigen kleinen Kerls hinabblickte . Drei junge Beamte aus dem öffentlichen Dienst saßen auf einem Hühnerstall, sahen die jungen Damen schief an und lachten leise über das, was die eine oder andere von ihnen sagte. Nahe dem vordersten Oberlicht standen Mr. Johnson und Colonel Bannister. Man musste nicht genau zuhören, um zu verstehen, dass der Colonel seinem Beruf als Journalist nicht gewachsen war und dass Mr. Johnson diesen zu verteidigen versuchte , indem er immer wieder wiederholte: „Zugegeben – ich gebe es zu – ich werde nicht nein sagen; aber erlauben Sie mir die Frage: Wo in aller Welt wäre Ihr Beruf, Sir, wenn seine Tätigkeiten nicht aufgezeichnet würden?" Diese Bemerkungen wiederholte er so lange, bis der Colonel außer sich vor Hitze war und ich weggehen musste, um mein Lachen zu verbergen.

Als ich an der Niederluke vorbeikam, die, wie Sie wissen, der überdachte Eingang zur Kajüte über das Achterdeck ist, kam Miss Temple heraus, dicht gefolgt von Mr. Colledge . Auf ihrem blassen Gesicht lag so etwas wie ein Lächeln, und er sprach lebhaft. Sie trug einen schwarzen Hut mit breiter Krempe, der von einer großen schwarzen Feder umschlossen war, und eine Art Jacke mit einem reichen Besatz aus dunklem Pelz. Ich war nah genug, um sie beim Herauskommen zu belauschen.

„Ich erinnere mich noch genau, wie mein lieber Vater von Lord Sandown sprach", sagte sie, blieb am oberen Ende der Nebentreppe stehen und warf einen funkelnden Blick über das Deck. „Ist Lady Isabella FitzJames nicht eine Tante von Ihnen, Mr. Colledge ?"

„Oh ja. Ich hoffe, Sie kennen sie nicht", antwortete er. „Sie schreibt Bücher, wissen Sie, und hält sich für eine geistreiche Person; und ihre Unterhaltung ist so sengend wie der Kuchen, den sie mir als Junge immer gegeben hat."

„Ich habe sie kennengelernt", sagte Miss Temple. „Sie hat mir ziemlich gut gefallen. Vielleicht versäumt sie es, in der Gesellschaft ihres eigenen Geschlechts klug zu sein."

„Waren Sie schon einmal in Indien?", fragte er.

„Nein", antwortete sie mit einer Stimme, deren freundlicher Unterton ihre hochmütige Bewunderung der vorbeigehenden Passagiere keineswegs milderte. „Ich komme meiner Tante mit dieser Reise sehr entgegen. Mein Onkel ist sehr alt und zu gebrechlich, um die Überfahrt nach England zu machen, und er wollte unbedingt, dass meine Mutter und ich einige Monate bei ihm verbringen. Was die arme Mama betrifft, war die Einladung natürlich lächerlich. Sie wissen, dass sie ein hilfloser Krüppel ist, Mr. Colledge ."

„Oh, tatsächlich. Das wusste ich nicht . Es tut mir wirklich sehr leid", sagte er.

„Ich werde nicht lange bleiben", fuhr sie fort. „Höchstwahrscheinlich werde ich mit diesem Schiff zurückkehren."

„Aber bei Gott, ich hoffe, Sie werden es tun!", rief er aus. „Ich habe auch gebucht, mit ihr nach Hause zu kommen. In drei Monaten wird mehr geschossen, als ich brauche, wissen Sie. Ich habe vor, ein paar Tiger zu erlegen und mich an ein oder zwei wilden Elefanten zu versuchen. Bei Gott,

Miss Temple, wenn Sie es mir gestatten, bekommen Sie das Fell des ersten Tigers, den ich schieße!"

„Oh, Sie sind zu gut, Mr. Colledge ", sagte sie mit einem Lächeln, das auf ihren geöffneten Lippen zitterte, und hob dabei die Hand, um sich mit ihren Fingern, an denen Ringe funkelten, eine Haarsträhne aus der Stirn zu streichen. Ihre Augen jedoch leuchteten heller als alle ihre Edelsteine. In diesem Augenblick richteten sie sich voll auf mich, als ich ein Stück hinter dem Besanmast stand und sie ansah, und in dem kurzen Blick, den sie auf mich heftete, schien etwas ausgesprochen Unverschämtes zu liegen. Das schwache Lächeln verschwand in der Kräuselung ihrer Oberlippe, als sie den Kopf drehte.

Dies, meine feine Dame, dachte ich, könnte Ihre Art sein, alles zu betrachten, was nicht im Adelsstand zu finden ist.

Colledge , der ihrem Blick gefolgt war, sah mich.

„Oh, Dugdale ", rief er, „können Sie mir etwas über Tigerfelle erzählen – wie lange es dauert, daraus Teppiche zu machen und solche Sachen, wissen Sie das nicht?"

„Über Tigerfelle kann ich Ihnen nichts sagen", sagte ich knapp. „Ich habe noch nie einen Tiger gesehen."

„Dann wissen Sie etwas über Löwenfelle?", rief er mit einem halben Lächeln, das, so mein Gemütszustand es vermutete, an Miss Temple gerichtet war.

„Ich glaube, der Esel in der Fabel hat sich so etwas zugelegt", sagte ich, „aber sein Brüllen hat ihn verraten."

„Wenn ich es mir recht überlege", sagte er, „glaube ich, dass es in Indien keine Löwen gibt." Und er blickte von mir zu dem Mädchen, mit einem fragenden Gesichtsausdruck, der so voller guter Laune war, dass ich davon überzeugt war, dass er im Grunde ein gutmütiger junger Mann war.

„Ich glaube, ich werde zu Fuß gehen, Mr. Colledge ", sagte Miss Temple.

Sie gesellten sich zu den Leuten, die auf dem Wetterdeck promenierten , und ich ging in die Nische unter dem Achterdeck, um eine Pfeife zu rauchen.

Ich lehnte mich mürrisch gegen die Schottwand. Ich hatte das Gefühl, brüskiert worden zu sein . Ich war damals ein junger Mann mit einem unangenehm sensiblen Gemüt. Doch hätte dieser herrliche Morgen genug Tugend enthalten müssen, um einen stärkeren Schmerz in der Seele zu lindern, als ihn der verächtliche Blick einer hübschen Frau verursachen konnte . Das leichte Weglehnen des Schiffes von der sanften Brise ließ über den Relingwänden des Schanzkleids einen Bereich des funkelnden Azurblaus unter der Sonne erkennen, das in das zarte Silberblau des Himmels überging, mit einem kleinen sternenähnlichen weißen Punkt im fernen, luftigen Blenden, der die obersten Tücher eines Schiffes dort draußen markierte. Die weißen Planken unter meinen Füßen hatten das glitzernde Aussehen von Sand, jetzt, da die Decks abgewaschen und getrocknet waren und sich sozusagen zu einer Glasur aus winzigen Salzkristallen entwickelt hatten. Die Schatten der Takelage in tintenschwarzen Linien schwangen schläfrig im Takt der Bewegung des Gewebes. Das chinesische Kindermädchen, in einem blauen Kleid und weiten blauen Hosen, mit primelfarbenem Gesicht und einem glänzenden Schwanz wie einer toten schwarzen Schlange, der auf seinem Rücken lag, lehnte sich gegen eine Karronade und warf das kleine Baby, das er betreute, hin und her, bis das mollige kleine Süße wieder vor Entzücken krähte. Auf der warmen Plane über der Hauptluke saßen die beiden Ayahs und sangen über den Säuglingen, die sie hielten, wobei sie oft ihre Augen hoben, wie Perlen aus ungeschliffenem Indigo, die in Streifen gesprenkelter Seife stecken, zum Achterdeck, wo die Mütter ihrer Kinder waren. Es lag ein Hauch von Wasserbläschen in der Luft, mit dem schwachen Geschmack von Bambus-Scheuerzeug und Kokosnussseilen . Das Wasserbläschen, wage ich zu behaupten, war eine Einbildung, die durch den Anblick dieser schwarzen Gesichter hervorgerufen und durch das Geschrei von Papageien irgendwo achtern noch verstärkt wurde.

Ein Stück Segel war entlang der Taille gespannt, und darauf saßen mehrere Matrosen, die mit Handflächen und Nadeln herumfuchtelten, während sie nähten. Sie unterhielten sich leise, damit der Maat der Wache sie nicht hören konnte. Einen der Kerle, der mit dem Gesicht mir zugewandt saß, betrachtete ich mit einer Neugier, die langsam die Aufmerksamkeit auf sich zieht, egal in welcher unvorsichtigen Stimmung man sich befindet . Ich hatte in meinem Leben schon viele hässliche Seeleute getroffen, aber nie einen wie diesen Mann. Sein rechtes Auge hatte einen beklagenswerten Ausdruck; sein Rücken war so rund, dass ich glaubte, er hätte einen Buckel. Er hatte enorm lange, starke Arme mit riesigen Fäusten an den Enden, und die Ärmel seines Hemdes waren bis über den Ellbogen hochgekrempelt, und man konnte zwanzig außergewöhnliche Tuschezeichnungen sehen, die sich zwischen den Haaren wanden, die stellenweise wie Fell auf der Haut lagen. Der Nasenrücken war in sein Gesicht gedrückt, und ein bloßer Knubbel mit zwei Löchern ragte etwa einen Zoll über seiner Hasenscharte hervor . Obwohl er offensichtlich ein alter Seemann war, der durch jahrelange Seefahrt für den Schiffsgebrauch gesalzen war, war sein Teint schmutzig und teigig wie die Haut eines Londoner Bäckers, und er hatte nichts Besonderes außer ein paar Warzen und einem riesigen Muttermal über einer scharlachroten Augenbraue, die von ein paar grauen Haaren durchsetzt war. Sein Haar, das grobes Ziegelrot war , hing ihm auf den Rücken, als hätte der Schiffskoch ihm tatsächlich eine Perücke aus Karottenschalen gemacht. Tatsächlich war er genauso ein Monster wie alles, was jemals in einen Käfig gesperrt und als Schaustück herumgetragen wurde .

Ich beobachtete ihn mit wachsendem Interesse und fragte mich, was für ein Leben solch ein Geschöpf geführt hatte, auf was für Schiffen es hauptsächlich gesegelt war und wie man es ertragen konnte, dass ein so groteskes Wesen als Ostindienfahrer „anheuerte", wo man eigentlich so etwas wie die Uniformität eines Kriegsschiffs und eine gepflegte Mannschaft erwarten konnte, als Mr. Sylvanus Johnson aus der Kajüte kam und eine unangezündete Zigarre zwischen den Lippen herumrollen ließ.

„Sehen Sie den Kerl dort auf dem Segel sitzen?", sagte ich. „Ein gutes Thema für einen Leitartikel, Mr. Johnson."

„Oh, verdammt, Mr. Dugdale , bitte, keine spöttischen Bemerkungen. Lassen Sie mich diese Zigarre an Ihrer Pfeife anzünden. Dieser Kerl steht Emmett im Weg, nicht mir. Ein ziemlicher Triumph der Abscheulichkeit, das muss ich bekräftigen. Aber was ist mit Ihnen los an diesem schönen Morgen? Sie sehen ein bisschen niedergeschlagen aus, Mr. Dugdale . Ich hoffe, Sie werden jetzt nicht seekrank, da wir uns alle erholt haben?"

„Niedergeschlagen? Ich nicht. Aber ich will Ihnen was sagen, Mr. Johnson – wenn Sie die Leitung Ihrer Zeitung übernehmen, würden Sie dann so freundlich sein, der Welt mitzuteilen, dass es unter dem weiten Himmel nichts Faderes gibt als das Geplapper eines jungen Mannes und einer jungen Frau bei ihrem ersten Treffen."

„Warum, wie jetzt?", sagte er.

„Oh, mein lieber Herr", rief ich, „hören Sie sie an. Das unaussprechliche Geschwafel davon – das „ wirklich " und „oh je" und „ja, ganz genau " –

„Ja", sagte Mr. Johnson und sah nach jedem Zug auf die Asche seiner Zigarre. „Ich glaube, ich weiß, was Sie meinen. Aber ich glaube, es ist die Wirkung der Höflichkeit. Ein junger Herr und eine junge Dame, die einander gefallen wollen, werden einander am Anfang sehr leise begegnen, damit sie sich nicht gegenseitig verwirren. Aber was sagen Sie" – er senkte die Stimme – „zu dem Geschwafel, wie Sie es nennen, eines Mannes in fortgeschrittenem Alter?" – hier sah er in die Kajüte und trat dann einen Schritt vor, um zum Achterdeck hinaufzuschauen – „eines Menschen, der die Welt gesehen hat – eines Obersts, kurz gesagt? Ich möchte mit meinen Mitreisenden auf gutem Fuß stehen; aber wenn dieser Bannister so weitermacht wie er angefangen hat, fürchte ich – ich fürchte, das endet damit, dass ich ihn an der Nase ziehen muss."

Er warf einen weiteren nervösen Blick in die Kajüte und runzelte die Stirn, als er auf das Ende seiner Zigarren schaute.

„War er beleidigend?“, sagte ich.

„Nun, Richter“, rief er aus, „wenn ich Ihnen sage, dass er sagte, es gäbe keinen respektablen Mann, der mit dem Journalismus zu tun hätte; dass der Beruf eindeutig ein betrunkener sei; dass seine Vorstellung von einem Journalisten die eines Mannes sei, der im Bett liegt, bis sein einziges Hemd aus der Wäsche kommt, und Lügen erfindet, um sie der Welt mitzuteilen, wenn die Wäscherin ihm ermöglicht, sich anzuziehen. – ‚Und bitte, Sir‘, sagte ich und grinste ihn höhnisch an, ‚was würde das Land von Ihren militärischen Errungenschaften wissen, wenn es den Journalisten nicht gäbe? Sie, die Herren Armee, geben vor, ihn zu verachten; aber Sie werden sehr früh aufstehen, um seine Zeitung zu kaufen, wenn Sie glauben, dass Ihre Taten darin erwähnt werden.‘ – Das war ziemlich herzlich, glaube ich?‘

„Eher“, sagte ich. „Und was hat er gesagt?“

„Er antwortete, wenn irgendein anderer Mann außer mir das gesagt hätte, hätte er ihm gesagt, er solle gehen und verdammt sein.“

„Nun“, sagte ich, „ich bin sicher, die Passagiere werden sich als gesellige Truppe erweisen. Was mich betrifft, ist es wahrscheinlicher, dass ich mich, solange das Wetter es zulässt, auf dem Vordeck aufhalten werde. Ich tue alles, um nicht das fade Gespräch zwischen einem jungen Mann und einer jungen Frau bei ihrem ersten Treffen mithören zu müssen.“

„Ich sehe“, sagte er, „Ihr Freund Colledge hat sich an Miss Temple vergriffen. Ich würde sagen, er muss der Sohn eines Edelmanns sein, um bei einer Kleopatra wie ihrer Ladyschaft Erfolg zu haben. Schöne Augen vielleicht, aber ein bisschen blass, oder? Geben Sie mir Miss Hudson. Ich bewundere den höhnischen Teil des Geschlechts nicht.“

„Ich auch nicht“, sagte ich.

„Aber jede Frau“, sagte er, „hat ihre eigene Art, Liebe zu machen. Manche ergaunern sich die Zuneigung eines Mannes, und manche triumphieren durch Hohn und Verachtung. Erinnern Sie sich, wie die Herzogin von Cleveland mit Wycherley Liebe machte? Sie steckte ihren Kopf aus dem Kutschenfenster und rief ihm zu : „Sir, Sie sind ein Schurke, Sie sind ein Schurke!“ und Pope erzählt uns, dass Wycherley von diesem Moment an Hoffnungen hegte.“

Aber meine Pfeife war inzwischen ausgeraucht, und als ich Mynheer erblickte, Als Hemskirk und ein Passagier namens Adams, ein Anwalt, die Leiter herunterkamen, vermutlich in der Absicht, sich zu uns in die Nische zu gesellen, die das einzige Raucherzimmer des Schiffes war, stürmte ich nach vorn, kletterte auf das Vorschiff und hing über die Reling, wo ich eine lange halbe Stunde träge lag und den Anblick des massiven Buges des

Ostindienfahrers genoss, der die strahlend blaue Oberfläche zerriss, mit einer klaren, azurblauen Wasserwelle zu beiden Seiten, die sich neben den Kahnköpfen in einen kleinen Schaumstrom auflöste und leise in Schaumglocken und blinkenden Blasen nach achtern wimmelte, die einen an den Schaum am Fuße eines Wasserfalls denken ließen, der zum Murmeln der Sommerblätter und dem hornartigen Summen der Insekten an der kristallklaren Brust eines Baches entlangglitt.

KAPITEL V EINE
GEHEIMNISVOLLE STIMME

NUN, den ganzen Tag war das Wetter schön und klar; wir hätten uns tatsächlich auf dem Breitengrad von Madeira befinden können; und ich sagte zu Mr. Prance, das sei Grund genug, um nach fliegenden Fischen Ausschau zu halten . Der Himmel war von einem wunderbar sanften Blau, in der Hauptsache scheckig, mit kleinen schneeähnlichen Wölkchen, die tief flogen, als wären sie aufgebrochener Nebel. Am Nachmittag passierte uns ein großes schwarzes Schiff. Es war dicht am Wind und zeigte , da es in Lee lag, seine volle Stärke, als es auf gleicher Höhe war. Seine Segel schienen aus Baumwolltuch zu sein und waren in drei Spitzen an kleinen Himmelssegeln befestigt, mit einer Menge wolliger Klüver, die sich um Bugspriet und Klüverbäume bogen , und vielen Stagsegeln zwischen den Masten, die sanft wie eine Bleistiftzeichnung schattiert waren. Der vom Meer aufsteigende Glanz wurde von einer Reihe von Luken reflektiert, und das Blitzen des Glases ähnelte so sehr dem gelben Feuer eines Gewehrs, dass man beim Anblick erschrak und einen Augenblick lang die Ohren spitzte, um den Knall zu hören.

Sie war zu weit weg, um sie anzurufen. Der Kapitän, der inmitten einer Gruppe von Damen stand , sagte, sie sei Amerikanerin, und forderte den zweiten Offizier, der Wache hatte, auf, die Nummer der *Gräfin Ida durchzugeben* .

„Oh, was für eine schöne Flaggenkette!", rief Miss Hudson, die neben mir stand und mit ihren schmachtenden violetten Augen das Aufsteigen der bunten Flaggen verfolgte, als sie wie der Schwanz eines Drachens zum Block der Signalfalle aufstieg . „Gibt es auf diesem Schiff jemanden, der so wichtig ist, dass wir ihn mit dieser hübschen Schau ehren ?"

„Nein", sagte ich lachend und ließ meinen Blick tief in die süßen Tiefen ihrer wundervollen Augen sinken. „Mithilfe dieser Flaggen teilt die *Gräfin Ida* dem Schiff dort drüben mit, wer sie ist, damit sie uns bei ihrer Ankunft zu Hause Bescheid geben kann."

„Oh, wie himmlisch! Stellen Sie sich nur vor, ein Schiff müsste seinen Namen verraten! Oh, Mama", rief sie und machte einen Schritt, um das Kleid ihrer Mutter zu packen und daran zu zupfen, während die alte Dame an der Reling stand und aus dem Hinterhalt einer großen Haube, die wie ein Kohleneimer geformt war, auf das amerikanische Schiff blickte. „Stellen Sie sich vor, Liebes: Mr. Dugdale sagt, dass die *Gräfin Ida* dem Schiff sagt, wer sie ist. Wie klug Männer sind – besonders Seeleute. Ich liebe Seeleute."

Ihre schmelzenden Augen suchten das Deck und die langen Wimpern hingen in einem zarten Schatten der Schönheit auf dem schwachen goldenen Schimmer ihrer Wangen.

„Oh, wenn man darüber nachdenkt!", rief Mrs. Hudson. „Wer ins Meer geht, sieht, wie man so schön sagt, wirklich wunderbare Dinge."

Hier kam Mr. Colledge , der vermutlich nicht wusste, dass ich mich mit diesen Damen unterhielt , auf mich zu und sagte: „Übrigens, Dugdale , was war das für ein Witz von Ihnen heute Morgen über das Löwenfell? Miss Temple sagt, es war als Scherz gedacht; aber ich kann keinen Sinn darin erkennen."

„Was habe ich gesagt?", fragte ich.

Er wiederholte die Bemerkung.

„Oh ja, die junge Dame hat recht", sagte ich und warf ihr einen Blick zu, als sie neben ihrer Tante am Steuer stand – die beiden in einiger Entfernung vom Rest von uns – und durch ein Paar zierlicher kleiner Operngläser auf den Yankee blickte. „Es war ein Witz. Was für ein großartiges Gedächtnis Sie haben. Aber was den Punkt angeht, hatte es keins, und darin liegt der Witz, mein Lieber."

„Nun", sagte er, „man kommt sich wie ein Esel vor, wenn man etwas Interessantes verpasst, während eine Dame daneben steht, die es deutlich genug sieht, um hinterher darüber zu lachen."

„Ja", rief ich aus , „das ist wirklich wahr. Was für ein schönes Bild dieses Schiff abgibt, nicht wahr? Da ist ihr Antwort-Wimpel! Man kann über Jonathan sagen, was man will, aber er hat einen Trick, der der Schiffsbaukunst von John Bull weit überlegen ist."

Ich beobachtete sein hübsches Gesicht, als er sie ansah. Er wandte sich zu mir und sagte: „ Wissen Sie , es steckt verdammt viel Humor in der Vorstellung, dass der Sinn eines Witzes darin liegt, dass er keinen Sinn hat." Und damit ging er zu Miss Temple, deren hochmütiges Gesicht sich bei seiner Annäherung zu einem Lächeln erweichte. Und dort blieben sie eine Zeit lang stehen, und er beäugte die Amerikanerin (die in unserer Gegend langsam die Dimension eines Spielzeugs annahm) durch das Fernglas des Mädchens. Während sie mit ihm sprach, wie ich an der Bewegung ihrer Lippen erkennen konnte, sah Mrs. Radcliffe mit zappeligen Kopfbewegungen und häufigen Blicken auf ihre Nichte zu, deren nervöser, fragender, leicht beunruhigter Charakter mir ebenso vielsagend war wie die Art und Weise, wie sie zwischen ihnen stand, als ob sie an meine Seite gekommen wäre und plötzlich zum Ausdruck gebracht hätte, dass sie wirklich Angst hätte, dass Louises Charakter die Betreuung durch sie zu einer Sorge und Verwirrung machen würde.

An diesem Abend gab es einen herrlichen Sonnenuntergang, im Westen erstreckte sich ein zarter Vorhang aus Wolken, die in Muschelform miteinander verbunden waren, mit Strichen hier und da wie Stutenschwänze; während in Meeresnähe der Dunst dichter war, immer noch verbunden, aber mit einer dichteren Umschlingung , so ähnlich wie ein Kettenpanzer, wie ich ihn nur vergleichen kann. Als die Sonne in dieser exquisiten Dunstschicht versank , leuchtete sie überall in hundert Farben auf, die den gesamten westlichen Himmel in einen herrlichsten und schillerndsten Wandteppich verwandelten. Noch nie zuvor hatte ich einen Sonnenuntergang wie diesen gesehen. Wäre da nicht der sichtbare Kreis der glühenden Masse des Himmelskörpers gewesen, hätte man diese herrlichen schießenden Farbtöne, diese erstaunlichen und üppigen Emissionen von Grün und Gold und Purpur, von Rosa und strahlendem Gelb und leuchtendem Blau, die in eine unvorstellbar zarte grüne Textur übergingen, für eine phänomenale Zurschaustellung elektrischer Pracht gehalten. Das Meer glühte unter dieser gewaltigen Zurschaustellung westlicher Pracht in fünfzig herrlichen Farbtönen. Wir standen alle da und schauten zu, während das wundersame Schauspiel langsam verblasste. Das Schiff spiegelte inzwischen die Pracht seiner Segel wider, bis sie wie gelber Satin vor dem sanften Abendblau leuchteten, das sich über den Mastspitzen sammelte, während es sanft durch das Wasser glitt. Die ölglatte Oberfläche seines Kielwassers war mit der Gischt gesäumt, die beim Vorbeifahren seines Buges aufgebrochen war, und hob sich sanft auf der Dünung, die in langen Linien aus Nordwesten auf das Schiff zuströmte.

Der Mond ging spät auf, aber es war eine schöne, klare, sternenhelle Dämmerung, als acht Glocken der zweiten Hundewache über die Decks schwammen und leise aus den windstillen Zwischenräumen der Segeltuchbahnen widerhallten. Das Meer war schwarz bis an seine Grenzen, wo die tief kreisenden Sterne wie Schiffslichter in unermesslicher Ferne schwebten. Das Strahlen der Kajütlampen warf einen Schimmer auf die Atmosphäre des Achterdecks; aber weiter vorn, vom Hauptmast aus, lag das Schiff schwarz im Schatten seiner eigenen Segeltuchbahn, mit ein paar dunklen Flecken der Gestalten von Männern, die sich auf dem Vorschiff bewegten, ihre Gestalten hoben sich unter dem breiten Gähnen des Vorschiffs vom glänzenden Staub am Himmel ab.

Der alte Keeling schritt auf dem Deck auf und ab, mit Leesegeln auf beiden Seiten, wie Jack sagt, das heißt, mit einer Dame an jedem Arm. Andere Gestalten bewegten sich hier und da; und Mr. Cocker, der das Deck leitete, ging mit dem jungen vierten Offizier an seiner Seite von Reling zu Reling hin und her. Regelmäßig hielt er inne, bevor er sich zum Stumpf umdrehte, um einen Blick unter das Unterliek des Großsegels zu werfen oder einen langen Blick in den Wetterhorizont zu werfen. Der kleine Mr. Saunders kam auf mich zu, sprach von der Schönheit des Abends und bat mich, mit ihm spazieren zu gehen. Er war ein sehr intelligenter kleiner Kerl und hatte mehrere Werke über den Aberglauben verschiedener Völker in Bezug auf ihre Behandlung von Krankheiten geschrieben. Er war bei allem, was er sagte, wunderbar ernsthaft und blieb in seiner Begeisterung immer wieder stehen, hob den Arm, um einen Knopf meines Mantels zu fassen, als wolle er mich festhalten, während er sich auf die Zehenspitzen stellte und mir ins Gesicht spähte. Auf der anderen Seite des Decks ging mein Freund Colledge zwischen Miss Temple und ihrer Tante. Drei der Beamten folgten Mrs. Brookes und ihren Töchtern, und ganz achtern lehnte Mr. Sylvanus Johnson in malerischer Haltung an einer der Kanonen und erklärte Mrs. und Miss Hudson unbekümmert und in galantem Tonfall, wie es kam, dass Sonne und Mond manchmal zusammen schienen. Unten in der Kajüte, direkt unter dem Achterdeck, saß Colonel Bannister und spielte Whist mit seiner Frau, Mr. Hodder und Mr. Adams, und fast jedes Mal, wenn ich vorbeikam, konnte ich die Stimme des Militärs hören, der dem einen oder anderen Vorwürfe machte, weil er diese oder jene Karte gespielt hatte: „Sie hätten den Buben ausspielen sollen, Sir. Was in aller Welt, meine Liebe, hat Sie dazu gebracht, Pik zu trumpfen? Nein, nein , ich hatte recht! Ich glaube, in meinem Alter sollte man mir Whist nicht beibringen, Sir" und so weiter und so fort.

Bald darauf läutete eine Glocke, um die Passagiere nach unten zu rufen und ihnen Erfrischungen wie Wein, Kekse und Mineralwasser zu servieren . Die Spaziergänger verschwanden in schattenhaften Gestalten durch die Niedergangsluke, und nur zwei oder drei von uns blieben an Deck zurück. Mr. Colledge war einer von ihnen. Er kam zu mir herüber, starrte mir ins Gesicht, um sich zu vergewissern, dass ich es war, und rief aus : „Ich wünschte, sie würden einem Mann erlauben, hier oben zu rauchen. Was ist so schlimm an einer Tabakpfeife oder einer Zigarre, dass man sich in eine dunkle Ecke schleichen muss, um sie anzuzünden?"

„Wie kommt es, dass Sie nicht unten bei Miss Temple sind?", sagte ich.

„Oh", sagte er lachend, „ich möchte, dass sie die ganze Reise über anhält, und das wird nicht gelingen, wenn wir uns zu oft sehen."

„Ich kann Ihnen zu dem Kompliment gratulieren", sagte ich .

Gefallen , niemandem schenkt sie ein Lächeln ;

Oft lehnt sie ab, und noch häufiger beleidigt sie andere.

„Das ist zwar nicht genau die Formulierung des Dichters, aber treffender als das Original."

„Na ja, wissen Sie, Dugdale , sie hat einige meiner Leute kennengelernt. Ich kann es ihr nicht verübeln, dass sie sich zurückhält. Das zeigt, dass sie englisches Blut und englische Instinkte hat; obwohl ich sie, ehrlich gesagt, als ich sie das erste Mal sah, für eine Spanierin hielt. Aber unter uns, das goldhaarige Mädchen ist die Schönheit des Schiffes. Wie heißt sie? – Ah! Miss Hudson. Sehen Sie sie sich an, wie sie dort unten im Licht sitzt! Nun, wenn ich so poetisch wäre wie Sie, wie würde ich dann meterweit über ihre Finger wie Schneeflocken und ihre Lippen wie – – Aber sehen Sie mal! Es gibt nichts Neues in der Form von Bildern, die man auf eine hübsche Frau anwenden könnte. O ja! Miss Hudson ist die Schönheit des Schiffes. Aber Miss Temple ist eine tolle Gesellschaft, und, meine Güte! Was für Augen!“

„Passen Sie auf“, sagte ich lachend, „dass Sie nicht das tun, was der Mann immer tut, der die Schwester seiner verstorbenen Frau heiratet – nämlich die Falsche heiraten. Treffen Sie von Anfang an die richtige Wahl.“

Er brach in Gelächter aus.

„Ich bin bereits verlobt“, sagte er. „Welcher alleinstehende Mann mit Urteilsvermögen würde es wagen, eine Reise nach Bombay zu unternehmen, ohne sich auf diese Weise gegen alle Risiken abzusichern?“

Ich starrte in sein grinsendes Gesicht, als wir am Oberlicht standen, um herauszufinden, ob er es ernst meinte.

„Behalten Sie Ihr Geheimnis, Colledge “, sagte ich. „Ich werde es nicht verraten.“

Hier unterbrach uns der zweite Maat, indem er der Wache einen Befehl zusang, die Fock- und Groß-Bramm-Lettersegel einzuholen. Dann holte er seine Unter- und Groß-Stengen-Lettersegel ein. Das laute Gebrüll der Männer erschwerte das Sprechen , und Colledge ging nach unten, um sich ein Glas Brandy mit Wasser zu holen. Bald darauf kam der alte Keeling an Deck, und nachdem er sich umgesehen und ziemlich lange über den Luvbug gestarrt hatte, wo ein ganz schwacher Blitz zu sehen war, sagte er etwas zum zweiten Maat und kehrte in die Kajüte zurück.

„Setzen Sie das Leesegel am Vormarsmast ein!“, brüllte Mr. Cocker. „Machen Sie das Besansegel fest und rollen Sie es ein.“

Eine kleine Gruppe von Fähnrichen, die in der Dämmerung im Windschatten der Heckklappe standen, wo der Schatten des großen Großsegels wie die Dunkelheit eines Gewitters in der Luft lag, eilte zur Besantakelung, und nach wenigen Augenblicken schmolz die hauchdünne Wolke, die unter dem Besansegel schwebte, wie ein Dunststreifen vor den Sternen dahin , während ein paar der jungen Burschen die Wanten zum Tanzen brachten, während sie sich an den Webeleinen nach oben kämpften.

„Was ist mit dem Wetter los, Mr. Cocker", sagte ich, „dass Sie das Schiff auf diese Weise entblößen?"

„Oh", sagte er mit einem kurzen Lachen, „Kapitän Keeling ist ein sehr vorsichtiger Kommandant, Sir. Außerhalb der Tropen wird er nachts nie ein Betäubungssegel zeigen ; und bei uns ist es eine gängige Praxis, in der zweiten Hundewache das Focksegel und das Besansegel einzurollen, obwohl es heute Nacht so schön ist, dass er sie länger als gewöhnlich wehen ließ."

„Hm!", sagte ich. „Kein Wunder, dass er bei den weiblichen Passagieren beliebt ist. Ich nehme an, es besteht keine Chance, dass das Schiff über Bord geht, solange das Großsegel noch an Bord ist, oder?"

„Wenn ich das Kommando übernehme", sagte er, „wird die Welt feststellen, dass ich dafür bin, weiterzumachen. Was mein Schiff nicht tragen kann, muss es schleppen. Ich habe meine Berechnungen angestellt, und es gibt nichts mit ordentlichen Absätzen, das die Reise nach Indien nicht in 75 Tagen schaffen würde. Es ist der Trick, den Wind zu blockieren , der uns alle aufhält. Ein Kapitän wird lieber seine Rahen vorn und hinten anstrengen, als auch nur um den Bruchteil eines Punktes von seinem Kurs abzuweichen. Ich für meinen Teil würde jeden schlechten Wind in einen günstigen verwandeln."

Er rief der Gruppe von Schatten, die am unteren Leesegel arbeiteten, einen Befehl zu, und ich ging zum Oberlicht, mit dem halben Wunsch, nach unten zu gehen und nachzusehen, was dort vor sich ging. Doch ich änderte meine Absicht, als ich sah, wie mein Freund Colledge mit Miss Temple über ein Damebrett gebeugt stand, Miss Hudson von der anderen Seite aus dem Spiel zusah und Mr. Johnson mit seinem Zeigefinger Diagramme für Mrs. Hudson zeichnete, um ihr etwas zu erklären, von dem ich annahm, dass er sprach.

Ich ging nach achtern und setzte mich auf ein kleines Stück Gitter hinter dem Steuerrad, und dort fühlte ich mich trotz der Nähe des Mannes am Steuer so allein, als hätte ich selbst den Mast gesetzt . Der große Rumpf des Ostindienfahrers entfernte sich in einem dunklen Haufen von mir; das weiße Deck des Achterdecks war nur noch eine schwache Ahnung zwischen den Reling. Seine Segel hoben sich in gespenstischen aschfahlen Linien, mit einem langsamen Schwung der Sterne zwischen den Rillen der Takelage und einem häufigen Aufblitzen hoch aufragender Meteore zwischen den Lichtern in Streifen glitzernden Staubes. Man hörte kaum mehr als das Scheuern der Ruderpinne in ihren Vorderblöcken, das gelegentliche, schwache Geräusch eines Seils, das sich anstrengte, um den Ostindienfahrer leise anzuheben, das Blubbern des Wassers, das in Löchern und Wirbeln vom riesigen Ruder abfloss, und ein dumpfes Geklimper des Klaviers im Salon und eine Dame, die dazu sang.

Auf einmal erspähte ich die Gestalt eines Mannes, der in glühender Eile die Hauptwanten hinuntertanzte. Ich schlenderte gerade nach vorn und hörte Mr. Cocker sagen: „Was zum Teufel ist das?" Der Kerl, der auf einer Webeleine etwas oberhalb der Reling stand, gab eine Antwort.

„Sie sind verrückt", rief der Maat. „ *Sind* Sie etwa ein Ire?"

„Nein, Sir." Ich war jetzt nahe genug herangekommen, um zu verstehen, was gesagt wurde . „Wenn ich einer wäre, wäre ich vielleicht ein Papist , und dann würde das Kreuzzeichen die blühende Stimme über Bord verbannen [vermutlich exorzieren]."

„Stimme in deinen Augen!", rief Mr. Cocker. „Wieder auf mit dir! Das ist eine neue Masche zum Herumschleichen. Aber du musst dir etwas Besseres als einen Geist einfallen lassen, bevor du irgendeinen Job an Bord dieses Schiffes aufgibst."

„Was gibt es, Sir?", rief die Stimme des Kapitäns vom Nebenschiff, und er marschierte in seiner zugeknöpften Art auf uns zu, als wolle er durch eine soldatische Haltung den Trick einer tiefen Seerolle neutralisieren .

„Nun, Sir", antwortete Mr. Cocker, „dieser Mann hier ist von oben heruntergerannt, um mir zu sagen, dass auf der Marssegelrah ein Geist mit ihm spricht."

„Ein was?", rief der Kapitän.

„Ich habe es dem Zweiten Offizier in meiner Rede erklärt , Sir", sagte der Mann. Er sprach sehr respektvoll, aber mit Nachdruck, als spräche er aus Überzeugung.

„Was hat diese Stimme gesagt?", fragte der Kapitän.

„Ich war gerade dabei, die Takelage des Stengenmastes zu montieren", antwortete der Mann, „und mein Kopf war auf gleicher Höhe mit der Rah , als eine Stimme in eine Art raues ‚Hah-Hah' ausbrach und sagte: ‚Was wollt ihr ?', sagte sie. ‚Hakt es ein!', sagte sie. ‚Ich kenne euch.' Also komme ich runter."

„Macht da oben irgendjemand Spaß, Mr. Cocker?"

Der Maat blickte mit der Hand am Mundwinkel nach oben. „Da oben!", brüllte er . „Ist jemand auf der Marssegel-Rah?"

Wir spitzten alle die Ohren und starrten angestrengt, aber es kam keine Antwort, und es war nichts zu sehen . So dunkel der Schatten der Nacht oben im Gewebe der Leinwandquadrate war, war es doch nicht so schwarz, dass man dort oben mit einigem Suchen nicht eine menschliche Gestalt hätte erkennen können .

„Das bilden Sie sich nur ein, mein Mann", sagte der Kapitän und drehte sich halb um, als wolle er nach achtern gehen.

„Jetzt wieder nach oben mit Ihnen!", rief der zweite Maat.

„Beim Donnerwetter also", rief der Mann und schlug mit der Faust auf die Webeleine, während er sie mit der anderen festhielt, ausholte und nach oben starrte. „Ich würde lieber für den Rest der Reise in Ketten gehen !"

Inzwischen hatte sich ein Teil der Wache an Deck um die Hauptluke versammelt und stand zusammengekauert in der Dunkelheit, um zu lauschen, was vor sich ging. Plötzlich sprang ein Kerl aus der Gruppe und sprang in die Haupttakelung.

Er stieß ein paar Flüche in Richtung des Matrosen aus, der noch immer in den Wanten hing, und stieg mit der Hand über der Faust in die Höhe, sodass er praktisch aus dem Blickfeld verschwand, als er in das große Großdeck kletterte. Der andere Mann stellte seinen Fuß auf die Reling und ließ sich auf das Deck fallen, wo einige der Matrosen begannen, ihm in heiserem, hastigen Flüstern eifrig Fragen zu stellen.

„Na, was seht Ihr ?", rief Mr. Cocker und ließ seine Stimme mitten ins hohe, düstere Marssegel dringen.

Es kam keine Antwort, aber ein paar Sekunden später erspähte ich die dunkle Gestalt des Mannes, der sich von der Takelage auf das Achterstag des Stengenmastes schwingen ließ und in rasender Geschwindigkeit hinunterrutschte . Er sprang auf die Achterkajüte und brüllte : „Bei Gott, Sir, das ist der Teufel höchstpersönlich! Es ist kein Mensch zu sehen, und doch ist ein Mensch da!"

'Und was hat er gesagt?'

„Aber", rief er und wischte sich den Schweiß von der Stirn, „verdammt, da ist er schon wieder!"

Die kurze Pause, die folgte, zeigte, dass sowohl der Kapitän als auch der zweite Maat nicht wenig erstaunt waren. Tatsächlich war der Kerl einer der Bootsmannsmaaten, ein buschiger, bärtiger Riese von einem Seemann, der sicherlich nicht von der Sorte war, die Jacks Albernheiten oder Dummheiten während seiner Wache an Deck und unter dem Auge des verantwortlichen Offiziers duldete. Der Kapitän schickte einen der Fähnriche nach seinem Fernglas, während der zweite Maat ein paar Schritte zurücktaumelte, um nach oben zu starren . Aber die Linsen des Kapitäns hatten keine Zauberkraft, um das Rätsel zu lösen. Tatsächlich rechnete ich damit, dass meine eigenen Augen für eine solche Inspektion so gut wie jedes Fernglas waren; aber so sehr ich auch die ansteigenden Höhen betrachtete, von einem Teil des Decks zum anderen gehend, dass mir kein Faden der Länge der

Rahen entging, konnte ich nichts erkennen, das einer menschlichen Gestalt ähnelte, nichts, was auch nur die geringste Regung von Leben in sich trug.

„Na, das ist ja besser als meine Zeit!", sagte Mr. Cocker und holte tief Luft.

„Was für eine Stimme war das?", wollte Kapitän Keeling wissen. Er ließ das Fernglas fallen, mit dem er die Struktur von Mast und Segel abgesucht hatte, und trat an die Messingreling, von der aus man das Achterdeck überblicken konnte.

Der erste der beiden Männer, die Angst gehabt hatten, schrie aus der Gruppe in der Nähe der Luke, bevor der andere antworten konnte: „Es war genau wie die Stimme von Punch, Sir, in der Judy-Show."

„Dann *müssen es* zwei sein ! ", brüllte der andere Kerl aufgeregt. „Was ich hörte, klang, als würde ein betrunkener alter Mann im Schlaf fluchen."

„Captain", sagte ich und trat vor, „lassen Sie mich nach oben gehen, ja? Ich wollte schon lange an Geister glauben, und jetzt habe ich die Gelegenheit, diesen Glauben zu wagen."

„Gespenster, Mr. Dugdale ? Aber es ist auch eine außergewöhnliche Angelegenheit. Vom Deck hat man nichts gehört, oder?"

„Nichts, Sir", antwortete Mr. Cocker. „Aber, Mr. Dugdale , wenn Sie die Luvtakelung übernehmen, werde ich mich nach Lee schleichen. Und es wird seltsam sein, wenn wir gemeinsam diesem Wunder nicht das Leben aushauchen, was auch immer es sein mag."

Ich sprang sofort in die Windschutze und fuhr sofort nach oben, während ich die Gestalt des zweiten Maat in der Takelage sah, wie er die Webeleinen festhielt und seine froschartigen Beine sich vor dem schwachen Licht des Großsegels hinter ihm abzeichneten. Wir kamen zusammen im Großtopp an, standen da, schauten nach oben und lauschten eine Minute lang.

„Ich sehe nichts", sagte ich.

„Ich auch nicht", sagte der zweite Maat.

Wir schauten uns vorsichtig um, stiegen dann in die Takelage der Stenge und kletterten auf die Höhe der Marssegelrah, wo wir auf die wundervolle Stimme warteten, die zu uns sprach, aber nichts sprach, noch war etwas zu sehen .

„Diese beiden Matrosen müssen verrückt geworden sein", sagte ich.

„Es besteht keine Notwendigkeit, höher zu gehen", sagte Mr. Cocker. „Die Bramsegel und die Rahen liegen klar und deutlich vor den Sternen. Dort an Deck!"

„Hallo?", ertönte die Stimme des Kapitäns, die wie ein Echo vom Rumpf des Schiffes heraufdrang, das in der Dunkelheit eine Meile weit unten zu liegen schien.

„Hier oben gibt es nichts, aus dem eine Stimme kommen könnte, Sir."

„Dann kommen Sie besser herunter, Sir", rief der Kapitän, und ich glaubte unten ein leises Lachen zu hören, als hätten sich zwei oder drei Passagiere versammelt.

Mr. Cockers vage Gestalt verschmolz mitten über dem Wasser ; aber ich blieb eine Minute stehen, um das Bild zu betrachten. Mein Kopf lag dicht am Großmast Salingen , eine Höhe von etwa 80 oder 90 Fuß über der Reling, dazu kommt noch der Abstand der Schiffsseite vom Wasserrand. Ich verweilte nur ein oder zwei Minuten, doch in dieser kurzen Zeit überwältigte mich die schattige Nachtszene mit der großen, kathedralenartigen Gestalt des edlen Schiffes, das mittendrin dahinsegelte, mit so großer Vehemenz, dass die Szene mir heute noch so klar im Gedächtnis ist wie damals in dieser fernen, dieser sehr fernen Zeit. Jedes Geräusch an Deck erklang mit gedämpfter, dünner Stimme, als käme es aus einer Elfenwelt. Es war ein zartes Pochen von grünem Feuer in dem schwarzen Wasser, das langsam an den trägen Seiten der *Gräfin Ida vorbeiströmte* , und auf dieser visionären, leicht glitzernden Oberfläche war die Form des großen Schiffes schemenhaft abgebildet, mit dem Schimmer des Decks des Achterdecks, der sich schwach mit den erleuchteten Quadraten der Oberlichter vermischte, und einem Punkt von kaum erkennbarem Glanz gegenüber dem Steuerrad, wo das Licht des Kompasshauses zu sehen war. Die nächtliche Meeresbrise seufzte mit einem Brandungston, der aus der Ferne in den stillen Vertiefungen der Leinwand zu hören war. Manchmal war ein leises Prasseln der Riffspitzen zu hören, das dem Geräusch eines kurzen Sommergewitters ähnelte, das auf gefallene Blätter fällt. Das Meer erstreckte sich so weit wie der Himmel, und man schien bis an die andere Seite der Welt vordringen zu können, so unendlich weit entfernt erschienen die Sterne nahe dem Horizont, als würden sie *dort* über einem Land am anderen Ende der Welt leuchten.

„Dort oben, Mr. Dugdale !", ertönte es schwach vom Deck. „Hören Sie die Stimme noch?"

„Nein", antwortete ich, doch der Schrei hatte den Zauber gebrochen, der über mir lag, und ich stürzte hinab, wobei ich mich beim Abstieg genau umsah.

Achterdeck einen Tumult gab und ich die Stimme des Chinesen ausrufen hörte: „Welcher Matrose hat Prince gesehen? Welcher Matrose, sage ich, hat ihn gesehen? Er ist verloren gegangen, sage ich? Oh – ai – O ; Oh – ai – O! Er ist verloren gegangen, sage ich?"

„Wer zum Teufel macht diesen Lärm?", rief Mr. Cocker und streckte seinen Kopf über das Messinggeländer.

Der Chinese trat unter der Nische hervor, und die Lichter der Kabine zeigten ihn deutlich genug. Er rang die Hände und vollführte eine Reihe kläglicher Gesten, während er rief: „Oh Mann , haben Sie Prince gesehen ? Er ist verloren, sage ich! Oh – ai – O! Oh – ai – O! Er ist verloren, sage ich!" Und hier verdrehte er die Augen nach oben und über die Reling und tat dann so, als würde er nach vorn stürmen.

„Sind Sie das, Handcock?", sagte Mr. Cocker zu einem kräftigen Mann, der in diesem Moment aus der Kajüte trat.

„Ja, Sir", antwortete der Kerl, der tatsächlich der Obersteward war.

„Was ist mit diesem chinesischen Idioten los?"

„Aber Sir, der Papagei seiner Herrin ist entwischt. Er ist für die Sicherheit des Vogels verantwortlich und hat ihn gerade verpasst."

„Dann muss es dieser verdammte Papagei gewesen sein, der da oben geredet hat", sagte eine tiefe Stimme in der Nähe der Pumpen. Doch ich bemerkte ein unbehagliches Herumrutschen einiger der dort stehenden Gestalten, als wäre *dies* eine Vermutung, die man nicht zu schnell annehmen sollte.

„Hier, John", rief Mr. Cocker, „komm herauf, Johnny."

ai -O!" murmelte, während er idiotisch um sich blickte und heftig die Hände rang, stieg langsam und in einer Haltung äußersten Elends die Achterleiter hinauf .

„Könnte diescr Papagei sprechen, John?", sagte Mr. Cocker.

„Oh, er redet unbeholfen. Er spricht wie die Seele eines christlichen Gentlemans ."

Achterdeck gehört wurde .

„Oh, er sagt : ‚Du gehst, verdammt'", rief John.

„Und was noch?", rief Mr. Cocker und unterdrückte sein Lachen.

„Oh, er sagt: ‚ Gib mir ein Ei zum Frühstück '; und er lacht: ‚haw-haw'; und er sagt: ‚Hak' und ‚ Was willst du ? '; und er spricht besser als ein gewöhnlicher Seemann'; und hier bricht er in ein weiteres langgezogenes Wehklagen aus: ‚Oh – ai – O! Er ist ertrunken . Er ist verloren, sage ich!'

„Jetzt hört ihr, was dieser Mann sagt, meine Jungs", rief Mr. Cocker. „Wer keine *Angst hat* , springt hoch und fangt den Vogel, wenn ihr könnt."

Der junge vierte Maat ging mit gutem Beispiel voran, und im Nu rannten ein Dutzend Matrosen das Fock- und Besansegel hinauf, wo sie eine ganze halbe Stunde lang miteinander brüllten. Einige taten so, als hätten sie den Vogel gefangen, während sie aus voller *Kehle gurrten* . Der Chinese kreischte derweil aufgeregt, während er von einem Mast zum anderen rannte. Aber es war alles vergebens. Der Vogel war offensichtlich über Bord gegangen; wahrscheinlich hatte er mit seinen abgeschorenen Schwingen versucht, zu fliehen, nachdem der zweite der Männer, der Angst hatte, in Eile heruntergekommen war. Die Suche wurde am nächsten Morgen bei Tagesanbruch erneuert; aber der arme Prince war für immer verschwunden.

KAPITEL VI
WIR VERLIEREN EINEN MANN

TROTZ Mr. Cockers Hinweisen auf Kapitän Keelings Ängstlichkeit in Sachen Segeltuch wusste der alte Kapitän offensichtlich, was er tat, als er seine Flugdrachen rechtzeitig einholte, denn während die Matrosen noch in der Takelage herumkrabbelten und oben auf der Suche nach dem Papagei herumalberten, frischte die Brise in einer langen, ächzenden Böe über der Reling auf, die Sterne in Luv blitzten heller auf, und das Ostindienschiff legte sich plötzlich in die Böschung, so dass eine milchige Wasserlinie an seinen Seiten entlangschwappte. Um Mitternacht neigte es sich vor einem starken Wind von der Seite, ohne dass über seinem Großbramsegel etwas zu sehen war. Die Sterne waren verschwunden und in der Dunkelheit des Horizonts war der Vorschein von rauem Wetter zu erkennen.

Die nächsten vier Tage hatten wir viel Wind und hohe See mit häufigen grauen Regenböen, die das Schiff einhüllten und es mit strömenden Decks, dunklen Segeln und tropfender Ausrüstung zurückließen. Kurz gesagt, es war wieder Kanalwetter, abgesehen davon, dass die Luft den Genuss der gemäßigten Parallelen bot, während die See groß und breit und regelmäßig wogte, mit all dem Unterschied zwischen der Bewegung des Schiffes und seinen ausgelassenen, halsbrechenden Kapriolen in den engen Gewässern, den man zwischen dem Trab eines Esels und dem majestätischen , donnernden Galopp eines Schlachtrosses finden würde.

Aber die Nässe machte das Ganze zu einer Qual. Was gab es an Deck zu sehen, außer den glänzenden Gestalten der Männer in Ölzeug, dem Schwung der dunkelgrünen Woge aus dem fast dichten Dunstschleier, den regenbeschatteten Kurven der Segel — all das wurde passend untermalt vom feuchten, dumpfen Klappern der Bäume, dem Scheuergeräusch oben und dem wilden Pfeifen des Windes auf der straff gespannten Wettertakelage? Die Männer unter uns, die rauchten, kamen nach dem Essen zusammen und kauerten sich unter der Heckklappe zusammen, kauerten sich gegen die Wetterschottwand, um nicht in der Nässe des Regens zu stecken; und bei diesen Gelegenheiten kam es zu heftigen Auseinandersetzungen. Wenn Colonel Bannister zu uns gehörte, konnte man nichts anderes sagen , als dass er mit einem klaren Widerspruch dagegen loslegte. Tatsächlich gehörte er zu der Geistesart, die es als ihre Aufgabe ansieht, allen das richtige Denken beizubringen.

Einmal versuchte er , Herrn Emmett zu beweisen, dass ihm eine wesentliche Eigenschaft eines Malers fehlte, nämlich ein Auge für Atmosphäre, indem er ihn aufforderte, zu sagen, wie weit der Horizont entfernt sei, und triumphierend brüllte, weil Herr Emmett antwortete: fünf Meilen. Herr

Johnson, der einen genauen Blick auf das Meer warf, behauptete, Herr Emmett habe recht. Der Oberst riss sich seinen weißen Bart aus und fragte, wie es möglich sei, dass ein Journalist etwas über solche Dinge wisse. Mynheer wich wütenden Worten aus. Hemskirk , der mit einem fetten Gesicht und einem albernen Lächeln mit einem modrigen alten Rätsel einbrach : „Antworte mir darauf: hier ist ein Fehler . Ich stehe gegenüber und ich sage : „Brüter und Zitterer wie ich kein Boot Punkt Manns Farder iss my farder's soon! Vot relation is the point of man to the bildture ? "' Der Oberst hatte das noch nie gehört und bat den Holländer, es zu wiederholen. Mr. Hodder sagte mit sanfter Stimme: „Er selbst ist es." Der kleine Mr. Saunders sagte nach langem Nachdenken, es sei sein Vater. „ *Das ist* es natürlich!", rief der Oberst. Der Holländer verneinte und wiederholte die Zeilen mit großem Nachdruck, wobei er bei jeder Silbe eine Faust in die Handfläche der anderen schlug. Dann wurde Partei ergriffen , nur um den Oberst wütend zu machen. Einige stimmten ihm zu, andere dem Holländer. Mr. Emmett, der vorgab, den Punkt nicht zu verstehen, zwang den dummen, gutmütigen Hemskirk , die Frage ein Dutzend Mal zu wiederholen. Der Streit war so laut, der Oberst so wütend, der Holländer so aufgeregt und die meisten anderen Zuhörer so demonstrativ, dass der Erste Offizier vom Achterdeck kam, um uns anzusehen.

Ich gebe dies als Beispiel für unsere Methode, diese trostlose Zeit zu vertreiben. Die alten Damen blieben größtenteils in ihren Kabinen, aber die Mädchen kamen wie üblich in die Kajüte und machten das Innere optisch gemütlich, indem sie hier und da mit Stricknadeln in der Hand oder einem Buch auf dem Schoß saßen.

An einem dieser Nachmittage bei schlechtem Wetter hörte ich ein seltsames Gesangsgeräusch. Ich betrat die Kajüte und fand Peter Hemskirk mit dem Gesicht zur Gesellschaft und dem Rücken zu einer der Miss Joliffes , die ihn am Klavier begleitete. Er sang ein damals beliebtes sentimentales Lied: „I'd be a Butterfly, born in a Bower". Die Haltung des Mannes war ausgesprochen absurd, als er mit seiner ungeheuer fetten Gestalt im Takt der Schiffsbewegungen schwankte, ein lächerliches Lächeln im Gesicht, während er die Arme ausstreckte und erst dem einen und dann dem anderen vorsang, damit jeder mitsingen konnte. Das Bild dieses großen, korpulenten Mannes mit dem überquellenden Kinn zwischen den Hemdkragen und der riesigen grünen Weste, die sich wie der Rundbogen eines Marssegels wölbte und dann wieder nach innen zu einem Paar Beine überging, die genau wie ein Wirbelkreisel aussahen – er stand mit dicht beieinander stehenden Füßen –, ich sage, der Anblick dieses riesigen Mannes, der mit Falsett „I'd be a Booterfly " sang, war zu viel für die Gesellschaft. Sie hörten eine Weile mit ernster Miene zu, doch schließlich gab Miss Hudson nach, beugte ihren Kopf hinter ihre Mutter und lag zitternd in einem hysterischen Lachanfall da; dann lachte ein anderes Mädchen laut; dann folgte ein allgemeiner Chor der Fröhlichkeit. Doch der unerschrockene Holländer hielt durch. Er ließ uns keine einzige Silbe los, sondern arbeitete sich ohne die geringste Veränderung seiner Haltung durch das ganze Lied und verbeugte sich tief vor uns, als er fertig war; während Miss Joliffe vom Klavierhocker aufsprang, durch den Salon floh und mit einem Gesicht so rot wie eine Pulverwolke durch die Luke verschwand.

Mynheer sang, hielt sie die meiste Zeit ihre Augen auf ein Buch in ihrem Schoß gerichtet und blickte sich dann und wann mit einem Gesicht voll kaltem Staunen um. Einmal trafen sich unsere Blicke, und sie richtete ihren Blick sofort wieder auf ihr Buch. Tatsächlich konnte man bereits erkennen, welche Meinung ihre Mitpassagiere von ihr hatten, da sie sich ihr gegenüber wie gegenüber einer Person verhielten, die sich für viel zu gut hielt, um zu ihnen zu gehören, obwohl die Verpflichtung, nach Indien zu reisen, sie zwang, bei ihnen zu sein. Doch man konnte leicht erraten, dass die anderen Mädchen sie sehr bewunderten. Ich bemerkte, wie sie ihre Augen über ihr Kleid schweifen ließen, ihr Gesicht und ihre Haltung bei Tisch beobachteten, ihre Bewegungen auf dem Deck verfolgten; und immer wieder hörte ich, wie sie in vorsichtigem Flüsterton über sie sprachen, wenn sie außer Sicht war. Kurz gesagt, sie hätte eine Frau von angesehenem Rang unter uns sein können; und wenn die Passagiere ihr respektvoll Platz machten, dann lag das meiner Meinung nach sicher nicht daran, dass sie sich durch ihr unnachgiebiges oder freundliches Verhalten nicht geschmeichelt gefühlt hätten .

Am folgenden Donnerstag ließ der Wind nach, das Wetter klarte auf, und mitten am Vormittag war es bereits ein heißer, funkelnder Morgen, mit einem hohen Himmel aus zarten Wolken, die wie ein silberner Zuckerguss das blaue Gewölbe bedeckten, einem weiten Meer aus fließendem Saphir, und der Ostindienfahrer schaukelte unter seinen Leesegeln zu den königlichen Rahen. Ich hatte eine Stunde in meiner Koje mit Lesen verbracht. Als ich auf dem Weg zum Achterdeck durch die Kajüte ging, hörte ich Schüsse, und als ich an Deck ging, sah ich Mr. Colledge und Miss Temple mit Pistolen auf eine Flasche feuern, die an der Lee-Rah baumelte. Die meisten Passagiere saßen herum und sahen ihnen zu; aber das Paar war allein mit seinem Zeitvertreib. Die Pistolen waren sehr elegante Waffen, in Silber gefasst, mit langen, glänzenden Läufen. Colledge lud sie und reichte sie seinem Begleiter, wobei er gelegentlich selbst zielte.

Sie hätte sich keinen praktischen Schneider ausdenken können, der die Vollkommenheit ihrer Figur und ihres Gesichts zur Geltung gebracht und betont hätte. Ihr dunkler Blick glitzerte über die Linie des waagerechten Fasses; ihre Lippen von zartem Rot lagen leicht auseinander im Wind, der süß und warm war wie frische Milch; ihr farbloses Gesicht unter dem breiten

Schatten ihres Hutes glich einer makellosen Marmorschnitzerei, die von einer Art dummer, hochmütiger menschlicher Vitalität durchdrungen war. Ich kann Ihnen nicht sagen, wie sie gekleidet war, aber ihre Figur hatte ihre lieblichen Proportionen, eine volle und doch mädchenhaft zarte Gestalt vor dem klaren Azurblau der Meereslinie, wie sie auf kleinen, festen Füßen auf dem schiefen, nachgiebigen Deck stand, den Kopf in den Nacken gelegt, den Arm ausgestreckt und ein Feuer in ihren tiefen, feuchten Augen, das den Blitz der Pistole erwartete.

„Eine sehr edel aussehende Frau, Sir", sagte eine tiefe Stimme neben mir.

Mr. Richard Saunders stand da und blickte mit dem bei Zwergen recht häufigen, sehnsüchtigen Ausdruck zu mir auf. Ich hätte den armen kleinen Kerl auf der Zunge gehabt, ihn zu fragen, ob er jemals verliebt gewesen sei; aber er war ein Mann, dessen Sensibilität und Herzenswärme einen dazu zwangen, zweimal nachzudenken, bevor man sprach.

„Ja, Mr. Saunders. Eine wahrhaft edle Frau, wie Sie sagen", antwortete ich so leise, wie er gesprochen hatte. „Aber wie blass sind ihre Wangen! Das erinnert einen an den weißen Tod, von dem Helena in ‚Ende gut, alles gut ‘ spricht ."

„Was Hemmeridge als Chlorose bezeichnen würde", sagte er. „Nein, Sir , sie ist vollkommen gesund. Es ist in der Tat ein sehr ungewöhnlicher Teint und sehr passend für einen Thron oder einen hohen Platz, von dem eine Frau gebieterisch blicken muss und dessen Gesicht seine Farbe nicht ändern darf ."

„Sie scheint zu etwas Höherem geboren zu sein, als sie je erreichen wird", sagte ich und beobachtete sie mit Augen, von denen ich nicht ablassen konnte. „Schade, dass sie nicht etwas weiblicher geworden ist. Sie könnte eine gute Schauspielerin abgeben und die Unwirklichkeiten des Lebens sehr gut meistern; aber ich muss sagen, da ist nur ein kleines Herz, Mr. Saunders, mit genau der gleichen Menge an Stolz, die Luzifer in Flammen kopfüber in die Luft trieb –"

jemand . Ich sah mich um und blickte Mrs. Radcliffe direkt in die Augen. Sie saß auf einem Hühnerstall, aber ob sie dort war, als ich anhielt, um Miss Temple anzusehen, oder ob sie unbemerkt von mir gekommen war, konnte ich nicht sagen. Ich spürte, wie mir das Blut in die Stirn stieg, und ging sofort auf das Vorschiff zu, zweifellos sehr zum Erstaunen des kleinen Saunders, der, glaube ich, gerade dabei war, mich anzusprechen, als ich losrannte.

Ich ging ins Vordersteven des Schiffes und lehnte mich an die Schräge des riesigen Bugspriets, der in der damals hoch aufragenden Düne zum Bramdeck führte, durch das er verschwand wie der abgesägte Stamm einer riesigen Eiche, deren Wurzeln tief reichen. Das Klingeln eines

Pistolenschusses drang an mein Ohr. An der Rah war ein Geräusch von zersplitterndem Glas zu hören , begleitet von Händeklatschen auf dem Achterdeck, als ob die Passagiere dieses Schießen auf ein Ziel als Unterhaltung betrachteten, die zu ihrer Belustigung gedacht war. Weit vor mir saß ein Matrose, der den Klüverbaum manövrierte und dort am Stag arbeitete; seine Gestalt bückte sich und erhob sich mit dem Heben der langen Spiere, die wie der ausgestreckte Finger des Schiffes auf die leuchtend azurblaue Ferne zeigte, in die es segelte, und er sang in heiseren, tiefen Tönen ein Lied vor sich hin, das meiner Meinung nach eine bessere Musik zu den fließenden, satinartigen Wogen des dunkelblauen Wassers unter ihm war, als jeder sterbliche Musiker, den ich mir vorstellen kann, das Bild hätte vereinen können. Auf dem Vorschiff waren ein paar Seeleute mit verschiedenen Aufgaben beschäftigt. Das Quadrat der Luke, die sogenannte Luke, lag dunkel im Deck, und als ich durch sie aufstieg, konnte ich die murrenden Töne eines Matrosen hören, der anscheinend einem seiner Kameraden laut vorlas.

Plötzlich tauchte das bärtige Gesicht des Bootsmanns oben an der Vorschiffsleiter auf. Als er mich erblickte, näherte er sich mit dem rauhen Seemannsgruß, der darin bestand, an einer Haarlocke unter seinem runden Hut zu ziehen. Er hatte als Vollmatrose auf dem Schiff gedient, auf dem ich Fähnrich gewesen war, allerdings vor meiner Zeit; das war in einem Gespräch herausgekommen, und jetzt grüßte er mich immer freundlich, wenn ich ihn an Deck traf. Er war ein Matrose einer fast ausgestorbenen Schule, ein Mann mit rundem Rücken und der Langsamkeit der Handelsschiffe, und doch wahrscheinlich ein der besten Beispiele eines Bootsmanns, wie es ihn jemals auf See gab, mit einem Auge, das das ganze Schiff mit einem Atemzug zu überblicken schien, mit der einzigartigen Fähigkeit, in einen Menschen hineinzuschauen und zu wissen, wofür er geeignet war, und bestens vertraut mit der Maschinerie eines Schiffes; ein entzückender Spieler auf seiner silbernen Pfeife, der er so klare und durchdringende Töne entlockte, dass man hätte meinen können, als er hineinblies, ein Schwarm Kanarienvögel hätte sich in der Takelage um ihn herum niedergelassen. In seinem rauhen Ruf „Alle Mann!" klang die Stimme des Sturms, und sein Gesicht hätte als Symbol für das raue Seewetter stehen können, so wie die berstenden Wangen des Boreas den Nordwind darstellen. Er trug ein kleines Stück zähen, aber biegsamen Stocks in der Hand, mit dem er jeden verprügelte, der neben ihm stand, wenn er aufgeregt war und an einem Kerl herumnörgelte, weil er ihn „ verdroschen " hatte, wie man das nennt; und einmal sah ich, wie er einen Mann seiner Größe am Genick packte und mit dem Stockstaub seinen Hintern so hübsch bearbeitete, wie es nur ein Schulmeister bei einem Jungen tut.

„Sie sind am falschen Ende des Schiffes, nicht wahr , Sir?“, rief er mir mit seiner starken, herzlichen Stimme zu, als er näher kam.

„Für mich ist das alles gleich“, sagte ich lachend, „jetzt, wo es keine Musik wie deine Pfeife gibt, die mich zum Tanzen bringt.“

„Ha!“, rief er und holte tief Luft. „Ich frage mich, ob ich jemals das Glück haben werde, das Meer zu verlassen und mich an Land niederzulassen? Ich gebe zu, dass es im Leben eines Menschen mehr gibt als das Eindrehen toter Augen und das Loten von Masten . Übrigens“, fügte er mit gesenkter Stimme hinzu, „ich bin „ Ich befürchte, dass es an Bord einen Todesfall geben wird.“

„Das hoffe ich nicht“, sagte ich. „Es wird das erste sein, und noch dazu ein bisschen früh. Wer ist der Kranke, Bootsmann ?“

„Na, ein Kerl namens Crabb “, antwortete er. „Ich glaube, Sie kennen ihn. Ich habe einmal ein Lächeln auf Ihrem Gesicht bemerkt, als Sie an der Zapfsäule standen und ihm zusahen.“

„Was? Meinst du dieses karottenartige Wesen mit den krummen Beinen und dem fehlenden Nasenrücken und dem einen Auge, das nach hinten zu schauen versucht?“

„Ja“, sagte er, „das ist Crabb .“

„Er liegt im Sterben, sagen Sie , Mr. Smallridge ?“ Ich überlegte einen Moment und rief dann aus: „Sicherlich saß er gestern Nacht während der ersten Wache von zehn bis zwölf am Steuer?“

„Das war er“, antwortete der Bootsmann. „Aber er wurde während der Zwischenwache krank, und das Neueste ist, dass er bald stirbt.“

„Was ist die Krankheit des armen Kerls?“, sagte ich.

„Nun, der Doktor scheint das nicht richtig zu verstehen“, antwortete er: „Er ist seit dem Frühstück zweimal vorgerückt und nennt es eine allgemeine Trennung – ein einfaches Mittel , um ein Problem zu erklären . Aber was das bedeutet, weiß ich verdammt noch mal nicht“, fügte er hinzu und warf einen Blick nach hinten, um zu sehen, ob der Maat in Sicht gekommen war.

„Ein allgemeiner Zusammenbruch“, sagte ich, „bedeutet einen Verfall der lebenswichtigen Organe. Ich will damit nicht sagen, dass Crabb nicht verwest ist, aber ich hätte sicherlich gedacht, dass das Schlimmste seiner Krankheit außerhalb des Körpers liegt.“

„Oh ja“, sagte er, „man würde nicht annehmen, dass er eine schlimmere Krankheit als sein eigenes Gesicht braucht, um zu sterben. Aber das ist doch kein Sehen nach der Arbeit auf dem Schiff, oder?“ und mit einer weiteren angenehmen Seemannsbewegung seiner Hand an seiner Stirn verließ er mich.

Etwas später ging ich gemächlich nach achtern, um zum Achterdeck zurückzukehren und ein wenig mit Colledge zu plaudern , der allein in Lee stand und mit verschränkten Armen in der Haltung eines zutiefst gelangweilten Mannes über die Reling blickte. Da kam der Schiffsarzt, Mr. Hemmeridge , aus der Kajütentür, um im Schutz des überhängenden Decks ein paar Züge an seiner Pfeife zu nehmen.

„Also, Doktor“, sagte ich und stellte mich achtlos vor ihn, während ich mich im sanften Auf und Ab des Schiffes leicht auf meinen gespreizten Beinen hin und her bewegte, „wir werden einen Mann verlieren, habe ich gehört?“

„Wer hat dir das erzählt?“, rief er aus und starrte mich mit einem Paar feuchter, schwacher Augen an, die, fürchtete ich, eine Geschichte von etwas noch Stärkerem erzählten als seinem Jalap- und Glaubersalz , das er heimlich zwischen den Flaschen aufbewahrte, die die Regale seiner dunklen und trostlosen kleinen Koje gleich achtern über der Lazarette füllten .

„Die Luft ist voller Neuigkeiten“, sagte ich. „Ein Schiff ist wie ein Dorf, wo alle Nachbarn alles wissen, was passiert . “

„Ich weiß nicht, wie es ist, einen Mann zu verlieren“, sagte er, während er einen Funken in ein Feuerzeug schlug und seine Pfeife mit einem Schwefelstreichholz anzündete . „Jedenfalls ist er noch nicht tot. Wir müssen in diesen Angelegenheiten an Bord des Schiffes leise sprechen, Mr. Dugdale . Wo immer Damen sind, herrscht große Nervosität.“

„Stimmt. Und ich werde so still sein, wie Sie wollen. Aber dieser Crabb ist eine so erstaunliche Figur, dass ich mich für seine Krankheit interessieren muss. Was fehlt ihm jetzt?“

„Wenn er stirbt, muss es an Verwesung sein“, antwortete er mit einer Handbewegung. „Ich kann nichts finden, was an ihm falsch wäre, außer der Art und Weise, wie er dahingeht. Er liegt regungslos da und stöhnt gelegentlich. Es wird zweifellos eine Angelegenheit sein, bei der es ums Herz geht.“

Ich sah, dass meine Neugier ihm nicht gefiel, und so stieg ich, nachdem wir ein paar belanglose Sätze ausgetauscht hatten, auf das Achterdeck und gesellte mich zu Mr. Colledge .

Er schaute auf das vorbeiziehende Wasser, schenkte dem Anblick jedoch keine große Aufmerksamkeit. Ich wage zu behaupten, dass das Auge eines Liebhabers von Meeresstücken dennoch viel zu sehen bekam, nämlich das zarte Geflecht aus Schaum, der in Bereichen wie Spitzenschleier vorbeizog und sich auf dem Wogen des Meeres ausbreitete, zusammen mit wolkigen, milchweißen, weichen Brodeln unter der Oberfläche, die das strahlende, opaleszierende Blau der klaren Tiefe, das durch den Schatten der hohen Seite des Ostindienfahrers aus seinem sonnigen Glanz gemildert wurde, in Erstaunen versetzte.

„Das wird eine lange Reise, fürchte ich“, rief Colledge mit einer Art Seufzer, drehte sich um und lehnte sich mit verschränkten Armen dagegen.

„Ich hoffe, Ihnen ist noch nicht langweilig?“, sagte ich.

„Wissen Sie, Dugdale “, rief er aus, während ich seinen Blick auf Miss Hudson richtete, die mit Mr. Emmett auf dem Wetterdeck herumlief , „ich glaube, ich habe einen Fehler gemacht, als ich mich vor der Abreise verlobte. Wenn ein Mann ein Mädchen bittet, seine Frau zu werden, sollte er sie so schnell wie möglich heiraten. Und jetzt verlasse ich meine Liebste, der ich mich für vielleicht zehn Monate Seereise versprochen habe, und verbringe zusätzlich einige Monate in Indien zum Jagen und habe die Chance, von dem Wild, das ich jage, aufgefressen zu werden.“

„Warum haben Sie sich engagiert?“, sagte ich.

„Ich hatte im Haus ihres Vaters zu Mittag gegessen – Sir John Crawley, Abgeordneter für Oxborough , ein glühender Tory und einer der edelsten Billardspieler, die man sich vorstellen kann. Kennen Sie ihn?“

„Noch nie von ihm gehört“, sagte ich.

„Nun, er spricht jedenfalls selten im Haus. Ich hatte mit ihm und Fanny zu Mittag gegessen, und da ich den alten Kerl auf dieser Indienreise wahrscheinlich nicht mehr sehen würde, überschüttete er mich liebevoll mit Champagner, und als ich mit Fanny in den Garten ging, um ein wenig herumzuspazieren, war ich etwas emotionaler als sonst bei mir, und kurz gesagt, ich machte ihr einen Heiratsantrag, und sie nahm meinen Antrag an. Hier ist sie“, sagte er, und er steckte die Hand in die Tasche und holte eine sehr feine kleine Elfenbeinminiatur hervor, die ein fröhliches, hübsches, ziemlich irisches Gesicht mit weichen braunen Locken um die Stirn und einem schelmischen Blick in den leicht erhobenen Augen zeigte, als würde sie einem durch ihre oberen Wimpern einen Blick zuwerfen.

„Ein sehr süßes Geschöpf“, sagte ich und gab ihm das Gemälde zurück. „Ist sie nicht gut genug für dich? Meine Güte, was sind Männer für Gecken ! Was soll dich denn ärgern, wenn du weißt, dass du die Liebe einer solchen Liebsten gewonnen hast?“

Er beugte sein hübsches Gesicht über die Miniatur und starrte sie mit einer Intensität an, die ihn dazu brachte, die Augen zusammenzukneifen. Dann steckte er sie in die Tasche und rief mit einem seltsamen Anflug von Reue in der Stimme: „Also, ich bin wohl ein dämlicher Esel. Aber ich glaube trotzdem, dass es ein Fehler war, mich zu verloben. Als ich zurückkam, hatte ich noch genug Zeit, sie zu fragen, ob sie mich heiraten möchte. Wer weiß, ob ich jemals zurückkomme?"

„Seien Sie doch *nicht* so sentimental, mein Lieber."

„Oh ja, das ist alles sehr schön und gut", sagte er. „Aber Sie wissen sicher, dass die Tigerjagd nicht ganz dasselbe ist wie beispielsweise die Hasenjagd ."

„Dann jagen Sie doch nicht Tiger", sagte ich, dem das alles langsam zu viel wurde. „Hören Sie! Was für eine schöne Stimme singt das da in der Kajüte?"

Er spitzte die Ohren. „Oh, es ist Miss Temple", sagte er und schlich sich zum hinteren Oberlicht davon, durch das man einen Blick auf das Klavier erhaschen konnte . Er warf einen Blick hinein, nickte mir dann mehrmals zu und schlich einen Moment später nach unten. Wehe! Für Fanny Crawley, dachte ich.

Beide großen Oberlichter waren geöffnet, und Miss Temples Stimme erklang klar und voll, ein satter Alt, durch den hin und wieder ein Zittern klang, das noch mehr Süße verlieh. Die Leute, die gingen, blieben stehen, um zuzuhören, und die Sitzenden ließen ihre Arbeit fallen oder hoben den Blick von ihren Büchern. Mr. Johnson und ein oder zwei andere versammelten sich am Oberlicht. Aber niemand, außer Freund Colledge, bot an, nach unten zu gehen. Ich hätte tausend Pfund darauf wetten können, dass die Kajüte leer war, sonst hätte das Mädchen nie gesungen. Tatsächlich bemerkte man eine Art Schüchternheit in dem bloßen Zuhören der Leute, als wäre sie eine Prinzessin, deren Stimme man aus der Ferne und mit Respekt anhören sollte und die man auf keinen Fall ansprechen oder stören durfte. Bald nachdem sie geendet hatte, meldete sich eine Männerstimme, und Mr. Johnson, der eine Weile zugehört hatte, kam schlendernd auf mich zu.

„Dein Freund Colledge singt nicht schlecht", rief er mit dem selbstgefälligen Grinsen, das er normalerweise aufsetzte, bevor er seine Rede hielt. „Fühlst du dich einer kleinen Wette gewachsen?"

„Um was für eine Wette geht es?"

„Ich wette mit Ihnen", sagte er und schloss ein Auge, „zwanzig Schilling pro Krone, dass Mr. Colledge und Miss Temple sich die Treue geschworen haben werden, bevor wir den Längengrad des Kap der Guten Hoffnung erreichen."

„Warum nicht der Breitengrad?", sagte ich.

„Warum, mein lieber Herr, sehen Sie nicht, dass der Längengrad mir einen größeren Spielraum gibt?" Und der Kerl war gerade dabei, den Unterschied zwischen Längen- und Breitengrad zu erklären, als ich ihm das Wort unterbrach.

„Ich wette nicht", sagte ich. „Ich habe nicht den Wunsch, Ihr Geld mit Sicherheit zu gewinnen. Sie werden sich nicht verloben, also behalten Sie lieber Ihren Sovereign."

Er pfiff leise und rief mit einem melancholischen Versuch, eine komische Miene aufzusetzen: „Ah, ich verstehe, wie das ist. Es ist der Wunsch, mein Freund, der den Gedanken vorantreibt. Aber Gott bewahre uns, mein lieber Mr. Dugdale , glauben Sie, dass eine junge Dame nach ihrem Muster sich jemals herablassen würde, ihren Blick auf etwas zu richten, das auch nur den sechzigsten Teil eines einzigen Grades unter dem Niveau des Sohnes eines Barons und Erben von Titel und Besitz steht?"

„Erinnern Sie sich", sagte ich, „wie Ihr Namensvetter Dr. Samuel Johnson seinen Freunden erzählte, dass er, als ihn ein Tischnachbar aufzog, er solle seine Meinung über Horaz oder Vergil sagen – ich habe vergessen, wer von beiden –, sofort an Punch and Judy dachte? Lassen Sie mich nun diesen großen Mann nachahmen und an Punch and Judy denken."

„Da kommt Punch, glaube ich", sagte er mit einem gutmütigen Lachen.

Während er sprach, erhob sich die Gestalt von Colonel Bannister vom Achterdeck . Sein Gesicht war rot vor Wut, seine Augen funkelten und sein weißer Bart stand wie Lichtstrahlen aus einer Flamme hervor. Wir waren zufällig die ersten Personen, denen er begegnete, als er die Leiter hinaufstieg.

„Von allen teuflischen Instrumenten", rief er, „ist das Klavier das Schlimmste. Was in aller Welt, das möchte ich wissen, haben die Reeder damit im Sinn, dieses abscheuliche Möbelstück in die Kabinenausstattung aufzunehmen? Sobald ich mich hinsetze, um mein Tagebuch zu schreiben, ertönt die Maultrommel dieses Schurken, und als ob dieser Lärm nicht genug wäre, muss eine Frau dazu kreischen; und dann, wenn ich denke, der Streit sei für eine Weile vorbei, und ich meinen Stift wieder in die Hand nehme, haut ein Kerl mit einer Stimme wie ein gequältes Schwein los."

„Sie sollten an die *Times schreiben* , Sir", sagte Mr. Johnson.

Der Oberst warf ihm einen Blick voller Marlenspikes und Korkenzieher zu und ging auf seinen kurzen, steifen Beinen nach achtern zum Kapitän, mit dem ich ihn in sehr kräftigen Worten protestieren hörte. Dann läutete die Mittagsglocke und ich ging nach unten.

KAPITEL VII –
EINE SEEBEDARF

DER Doktor saß an der Steuerbordseite des Tisches, und ich ertappte ihn dabei, wie er mich mit einem bedeutungsvollen Ausdruck ansah, der mich etwas verwirrte. Einmal zwinkerte er sogar, und da ich befürchtete, er könnte ein wenig angeheitert sein und sich leicht zu einem demonstrativen Benehmen hinreißen lassen, das die Aufmerksamkeit des Kapitäns erregte, achtete ich darauf, ihn nicht zu sehen. Der alte Keeling am Kopfende des Tisches, dessen Gesicht wie eine Mahagoni- Galionsfigur unter einer frischen Schicht Lack glänzte, war gerade dabei, seine Geschichte mit dem Korsaren in der Bucht von Bengalen zu erzählen, als Mr. Prance die Kajüte betrat und ruhig Platz nahm. Er machte sich an ein Stück Corned Beef, während er mit einem Gesicht respektvoller Höflichkeit Keelings langatmiger Geschichte zuzuhören schien, in der die Damen ständig Kommentare wie „Wie tapfer!", „Was für schreckliche Kreaturen!", „Wie schrecklich!" und dergleichen abgaben .

Der Kapitän kam zum Ende und Mr. Prance sagte zu mir: „Ein tapferer Kampf, Sir."

„Sehr", sagte ich und wartete auf das Augenzwinkern , das in seiner Stimme zum Ausdruck kam.

„Das Beste an einem solchen Gefecht", rief er aus, „ist, dass man es immer wieder ausfechten kann, ohne Blut zu verlieren. Apropos Piraten: Dem Kapitän ist noch nicht einmal bekannt, dass einer von ihnen tot an Bord seines Schiffes liegt."

Ich starrte ihn an.

„Ein Kerl namens Crabb ", begann er.

„Was?", unterbrach ich. „Ist Crabb dann tot?"

Jetzt war er an der Reihe, zu starren. „Kennen Sie den Mann, Mr. Dugdale ?"

„Ja, natürlich", antwortete ich, „als das hässlichste Geschöpf (der Himmel hab ihn selig, er *ist* ja tot!), das je dem Blick eines Sterblichen ausgesetzt war."

woher erfuhren Sie, dass sein Name Crabb war und dass er im Sterben lag? *das* scheinen Sie, Ihrer Frage nach zu urteilen, auch erraten zu haben?'

„Nun, mein lieber Herr", antwortete ich, „Sie haben eine große Anzahl von Matrosen an Bord, und das Schiff ist voll von Tiefseestimmen, und ich habe Ohren im Kopf, Mr. Prance."

„Hmpf!", sagte er. „Nun, wie ich immer gesagt habe, verbreiten sich Neuigkeiten an Bord von Passagierschiffen viel zu schnell. Tatsächlich habe ich Passagiere erlebt, die Dinge mitgenommen haben, die dem Kapitän und den Kameraden noch wochenlang verborgen blieben." Er leerte ein Glas Marsala und fügte hinzu: „Sie haben Recht, wenn Sie von der Hässlichkeit des Mannes sprechen. Ich habe ihn in seiner Koje liegen sehen. " Er verzog das Gesicht zu einer schrecklichen Grimasse und hob den Blick zum Deck über ihm.

„War dieser Crabb ein Pirat?", sagte ich.

„Ja", antwortete er, „aber ich habe davon erst vor einer halben Stunde gehört. Der Zimmermann kannte ihn, hielt aber den Mund, als er ihn als Schiffskameraden fand. Jetzt, wo der Kerl tot ist, hat Chips eine Geschichte über ihn, die so lang ist wie die Seeschlange . Er war in westindischen Gewässern geschäftlich tätig, und der Zimmermann sagt, wenn man den Geschichten Glauben schenken darf, die er über sich selbst erzählt, ist noch nie ein schändlicherer Schurke zwischen die Reling eines Schiffes getreten."

„Aber hat er im Vorschiff vor den Männern mit seinen bösen Taten geprahlt?", fragte ich.

„Nein . Chips war vor zwei Reisen sein Schiffskamerad auf einem kleinen Boot gewesen und später traf er ihn an Land in mehreren der schäbigen Matrosentreffpunkte im Osten Londons. Wenn er zu viel getrunken hatte, erzählte er die grauenerregendsten Geschichten von Gräueltaten. Nein, Sir. Er behielt seine Meinung an Bord dieses Schiffes für sich. Er wusste, was passiert wäre, wenn wir achtern seine Karriere verdächtigt hätten."

„Wann begraben Sie ihn?", sagte ich.

„Morgen früh, nehme ich an", antwortete er. „Kapitän Keeling hat nichts gegen hastige Beerdigungen. Ich habe ihn sagen hören, als er Erster Offizier war, sei ein Mann gestorben und zwei Stunden später sei der Körper für den letzten Wurf zusammengenäht worden. Doch während der Kapitän nach seinem Gebetbuch suchte, kam der Bootsmann des Schiffes mit zu Berge stehenden Haaren und halb verdrehten Augen nach achtern gerannt und berichtete, dass die Hängematte mit ihrem Inhalt von dem Gitter, auf dem sie lag, heruntergerollt sei und auf dem Deck herumzappele. Als man sie aufschnitt, fand man den Kerl darin lebendig, schweißgebadet und halb wahnsinnig vor Angst."

Dieses Gespräch führten wir leise und mühelos, da ich dicht an ihn gekuschelt zu seiner Rechten saß. Ein paar Minuten später ging der Maat aufs Achterdeck, und ich ging aufs Achterdeck, um eine Zigarre zu rauchen. Während ich das Gras zum Anzünden vorbereitete, kam Dr. Hemmeridge aus der Kajüte.

„Es könnte Sie interessieren", sagte er, „dass Ihr hässlicher Freund tot ist."

„Und das wollten Sie mir mit Ihrem Augenzwinkern mitteilen?", sagte ich.

Er nickte mit einem Lächeln, das man kaum als nüchtern bezeichnen konnte. „Sie haben sich besonders für ihn interessiert", rief er aus, „und deshalb dachte ich, ich würde Ihnen die Neuigkeiten mitteilen, bevor ich dem Kapitän Bericht erstatte."

„Sie sind sehr gut", rief ich mit einer sarkastischen Verbeugung.

„Tatsächlich, Mr. Dugdale ", fuhr er fort, „werde ich dem Vorschiff noch einmal einen Besuch abstatten, da mir etwas an der Todesart dieses Kerls ein Rätsel ist. Es ist sogar sehr wahrscheinlich, dass ich eine Obduktion vornehmen werde." Dabei hob er seine Hand und betrachtete sie einen Augenblick. Ich bemerkte, dass sie zitterte. Er wurde sich seiner Tat sofort bewusst, errötete leicht und sprach mit einem Anflug von Verwirrung: „Das Verdammte daran ist, dass die Jacks diese Art von Inquisition ablehnen. Andererseits ist das Licht vorne abscheulich schlecht, und es ist zu riskant, wenn Damen an Bord sind, die versuchen, die Leiche nach achtern zu schmuggeln. Möchten Sie den Mann sehen? Sie haben ihn zu Lebzeiten bewundert, wissen Sie."

Ich wartete einen Moment im Wind, dann sagte ich: „Ja, ich werde mit dir gehen", und wir stapften weiter.

Der Wohnort der Matrosen war ein sogenanntes Bramvorschiff; ein Aufbau im Bug des Schiffes, der der Kajüte und ihrem Achterdeck achtern entspricht. Auf beiden Seiten befand sich ein Flügel, der fast auf gleicher Höhe mit dem Fockmast war, denn damals wurde der Fockmast eines Schiffes näher an den Bug gestellt oder errichtet als heute. Jeder dieser beiden Flügel enthielt ein paar Kabinen, die jeweils vom Bootsmann, dem Segelmacher, dem Zimmermann und dem Koch belegt wurden. Das Vorschiff selbst betrat man durch Türen direkt vor der riesigen Ankerwinde, die große Vorderluke lag zwischen ihr und dem Langboot, das voll mit Vieh war. Es hätte mir vertrautes Terrain sein sollen; Dennoch war der Anblick für mich etwas wirklich Neues, als ich dem Doktor durch die Backbordtür folgte und etwas betrat, das einer riesigen, düsteren Höhle glich, in der das Geräusch der von der Bugwelle geschlagenen Wellen widerhallte. Mittschiffs schwingt unter einem schmutzbedeckten Balken eine Nebellampe, und ein Streifen Tageslicht fiel etwas zu weit durch die offene Luke oder Decksluke und glich in seinem staubigen Strahl und klaren Rand einem Sonnenstrahl, der durch einen Spalt im Fensterladen eines abgedunkelten Zimmers fällt.

Unter der Decke oder dem Oberdeck hingen mindestens zwanzig Hängematten, und hier und da waren die Gesichter von Seeleuten darüber zu sehen oder vielleicht die Hälfte eines bestrumpften Beins, und von dem

Mann darin war sonst nichts *zu* sehen. Es gab auch eine doppelte Reihe Kojen, die sich von der Achterschottwand in die Düsternis vorn schlängelten, die irgendwie noch dunkler schien, da der gewaltige Absatz des Bugspriets durch die Bugspriets ragte. Bei diesem Licht bot sich ein rauher, wilder Anblick; ein Durcheinander aus Hängematten und Seekisten und Relingstützen und baumelnden Ölhäuten und Seestiefeln und Segeltuchtaschen und diversem anderen Krimskrams der Seeausrüstung. Auf den Kisten saßen Gestalten, die stur rauchten oder an ihren Kleidern nähten; grimmige, stumme, unrasierte Seebären, die sich in dieser seltsamen Mischung aus trübem Licht und trübem Schatten vor das Auge schlichen, in so grotesken und sogar erschreckenden Ausmaßen, dass sie kaum plötzlich verschwinden mussten, um einen davon zu überzeugen, dass sie Geschöpfe aus einem anderen Universum waren . Viele knarrende und gespannte Geräusche durchzogen die Stille in dieser düsteren Holzhöhle. Auch die Bewegung des Schiffes war hier viel deutlicher als achtern, und man fühlte, wie sich das Deck unter den Füßen hob und senkte, als wäre man auf einer Wippe, in die häufig das leise Donnern der zerklüfteten See einbrach.

Der Doktor ging zu einer Koje an der Backbordseite, fast auf gleicher Höhe mit der Luke, wo das Licht die Dunkelheit mit so viel Kraft durchdrang, dass man Umrisse und sogar Farben erkennen konnte. In dieser Koje lag eine reglose Gestalt unter einer Decke und über ihrem Kopf war ein kleines Stück Segeltuch. Die Kojen in der unmittelbaren Nachbarschaft waren leer, und die Kerle, die ein Stückchen weiter entfernt in Hängematten schaukelten, starrten uns stumm an, mit Augen, die wie Scheiben aus poliertem Stahl zwischen ihren Gesichtshaaren glänzten.

Dr. Hemmeridge zog das Stück Segeltuch vom Gesicht des Körpers, und vor mir lag die abscheulichste Maske, die sich ein Mensch vorstellen konnte, abgesehen vom Meister, der Caliban gezeichnet hatte. Von den Augen war durch die zusammengezogenen Lider nichts als das Weiße zu sehen. Unter dem Kiefer war ein Tropfen, der die Hasenscharte des Wesens zu einem entstellten Grinsen verzerrt hatte.

Ich warf einen Blick darauf und wich zurück. In diesem Moment näherte sich ein Kerl, der uns an der Tür des Vorschiffs beobachtet hatte, und sagte respektvoll: „Es besteht kein Zweifel daran, dass er mausetot ist, Sir, nehme ich an?"

Hemmeridge wandte sich von der Leiche ab. Auf seinem Gesicht lag ein seltsamer Ausdruck von Abscheu und Verwirrung.

„Oh ja, Mann , völlig tot", antwortete er. „Eine erstaunliche Leiche, finden Sie nicht, Mr. Dugdale ? Gut genug, um sie in Spiritusform als Ausstellungsstück für das Krankenhausmuseum zu konservieren."

„Ich hoffe", rief eine tiefe Stimme aus einer Hängematte, die in der Nähe schwang, „wenn es so ist, dass Crabb tot und verschwunden ist, wird er nicht liegengelassen , um die parfümierten „ Die Atmosphäre dieses Salons hier ist atemberaubend."

„Nein, mein Mann", antwortete der Arzt und betrachtete die Leiche . „Wir werden ihn hier rechtzeitig rausholen. Aber es kann nicht schaden, wenn er noch eine Weile hier bleibt."

„Was hat er getan ?", fragte ein alter Seemann, der sich von der Stelle erhoben hatte und an einem Pfosten lehnte, den umgedrehten Kopf einer rußigen Pfeife zwischen den Zähnen, und uns musterte.

„Was hätte es denn für einen Sinn", rief der Doktor gereizt, „diesem Vorschiff einen Vortrag über die Todesursachen zu halten? Woran ist er gestorben ? Der Teufel soll's sein , Mr. Dugdale ! Wissen Sie, ich hätte große Lust, einen Blick in sein Inneres zu werfen, und sei es nur im Interesse der medizinischen Fachzeitschriften. "

„Mir wird langsam ein wenig schwindelig", sagte ich und bewegte mich zur Vordertür.

„Na gut, Mr. Willard", rief Hemmeridge und wandte sich an den Mann, der auf uns zugekommen war und bei dem es sich um den Segelmacher handelte, „lassen Sie ihn so schnell wie möglich zunähen und bringen Sie ihn dann mit einer Plane über ihm auf die Vorluke, bis andere Anweisungen eintreffen."

„Werden Sie voraussichtlich eine Untersuchung durchführen, Doktor?", fragte der Segelmacher, dessen römische Nase und der dünne Kragen oder Bächlein aus wollweißem Backenbart, der unter seinem Kinn von einem Ohr zum anderen verlief, ihm in diesem Licht ein seltsam sehnsüchtiges, erhabenes, *hageres* Aussehen verliehen, als er seinen Kopf nach vorne neigte, um die Frage zu stellen.

„Oh, es wäre keine Untersuchung", antwortete der Arzt mit einem kurzen Lachen. „Aber es ist sowieso ein natürlicher Tod", fügte er mit gleichgültiger Stimme hinzu. „Und deshalb gehen wir wieder nach achtern, Mr. Dugdale . Es sei denn, Sie möchten Ihren Freund noch einmal sehen?"

Ich drängte mich an ihm vorbei und verließ sofort das Vorschiff. Nie zuvor schien mir der Sonnenschein herrlicher, die Meeresbrise süßer und die anschwellenden Höhen des Ostindienfahrers so luftig schön und majestätisch. Tatsächlich hatte ich mich in diesem Vorschiff fast erstickt gefühlt. Und als ich mich auf den Weg zum Achterdeck machte, atmete ich den stürmischen Wind so durstig ein, als er über die Schanzkleider an mir vorbeirauschte, wie ein schiffbrüchiger Seemann Wasser leckt.

Am selben Abend, einige Zeit nach dem Abendessen, nachdem ich unten auf dem Achterdeck eine lange Zigarette und ein Schwätzchen mit Colledge und dem jungen Fairthorne gehalten hatte, wo wir in einem regelmäßigen Wachtmarsch von der Kajüte zur Gangway und wieder zurück die Planken patrouillierten, ging ich zum Achterdeck und ließ meine beiden Gefährten in der Kajüte ihre Schachpartie fortsetzen, wo sie am Nachmittag gespielt hatten. Es war eine schöne, klare, mondlose Nacht mit einer angenehmen Brise aus Nordost. Das Schiff fuhr ruhig unter einfachen Segeln, mit Ausnahme der Fock- und Besansegel. Ein Leesegelbaum am Vormars war noch ausgerüstet und schwang hager quer über die Sterne, während das Schiff sich leise auf und ab bewegte, als wäre es eine riesige Angelrute in der Hand eines Kolosses, der auf der Jagd nach Walen ist.

Es waren ein paar Passagiere auf dem Deck unterwegs, aber es war zu dunkel, um sich ihrer sicher zu sein, obwohl der zarte Glanz in der Luft, der in einer Art Silberregen aus dem samtig dunklen Himmel der Brillanten herabfiel, es einem ermöglichte, Formen zu erkennen und die Bewegungen der Dinge deutlich zu verfolgen. In dieser Nacht war viel Phosphor im Wasser, und ich stand da und schaute über das Lee-Viertel auf die blassgrünen oder sonnenfarbenen Blitze , als es in feurigen Windungen, in Gestalten wie sich windende Schlangen, in fibrinartigen Verflechtungen , die sich vergrößern und die Form von Seeungeheuern und Riesenfischen annehmen würden.

„Stimmt es, wissen Sie , dass einer der Matrosen heute Nachmittag gestorben ist?“, rief eine leise, klare, aber äußerst melodische Stimme neben mir.

Es war Miss Temple. Sie zuckte zusammen, als ich meine vorgebeugte Haltung aufgab und mich zu ihr umdrehte.

„Oh, ich bitte um Verzeihung“, rief sie mit veränderter Stimme aus.

Es war ganz klar, dass sie mich verwechselt hatte – mit Colledge , soweit ich das beurteilen konnte. Sie war allein. Doch wäre sie aus der Kajüte gekommen, hätte sie den jungen Sprössling sicherlich mit Fairthorne am Tisch Schach spielen sehen.

„Ich würde Ihre Frage gern beantworten“, sagte ich kühl, „wenn Sie kurz stehen bleiben und zuhören möchten, Miss Temple.“

Im Sternenlicht konnte ich sehen, wie ihre schönen, gebieterischen dunklen Augen auf mich gerichtet waren.

„Es ist merkwürdig“, rief sie aus – und bei Tageslicht hätte ich vielleicht ein Lächeln auf ihrem Gesicht entdeckt, aber ihr Gesicht wirkte wie Marmor im Schatten – „dass ich Sie jetzt schon zum zweiten Mal frage, was auf dem Schiff vor sich geht. Sie waren, glaube ich, Seemann, Mr. Dugdale ?“

„Das hat Ihnen Mr. Colledge zweifellos gesagt“, sagte ich.

„Ja, er war es, der es mir erzählt hat. Ich glaube, Sie teilen sich seine Kabine. Können Sie mir sagen, ob es stimmt, dass einer der Matrosen gestorben ist?“

„Es stimmt“, sagte ich. „ Heute Morgen ist ein Seemann namens Crabb gestorben.“

„Ist er begraben?“

„Nein. Die Zeremonie soll, glaube ich, morgen früh stattfinden.“

„Dann wird unser Schiff also die ganze Nacht mit einer Leiche an Bord segeln?“, rief sie aus, hob den Blick zu den Sternen und blickte dann seewärts. „Ist der Aberglaube der Seeleute nicht gegen eine solche Belastung?“

„Jack mag keine Leichen“, sagte ich und tat so, als ob ich meine an die Reling gelehnte Haltung wieder einnehmen wollte, als wäre ich in Gedanken versunken. Denn so harmlos ihre Fragen auch waren, ihre hochmütige, gebieterische Art, sie zu stellen, gefiel mir überhaupt nicht. Außerdem war dies das erste Mal, dass ich seit jener Nacht der Kollision im Kanal einen Satz mit ihr wechselte. Und die unbezwingbare Freude, die ich beim Anblick ihrer Schönheit empfand, die *jetzt* in meinen glühenden jungen Augen durch die sternenhelle Dämmerung, in der ich sie mit einer unbeschreiblich faszinierenden Anmut betrachtete, idealisiert wurde , kam mir auch wie eine Art Verletzung meiner eigenen Würde vor, dank der Stimmung, die in mir durch das entstanden war, was ich über sie gesagt und gedacht hatte. „Aber“, fuhr ich nachlässig fort, „was der Seemann als Aberglaube betrachtet, ist ein Naturmerkmal, das wir alle haben. Man kann weit reisen, ohne jemandem zu begegnen, der eine Leiche als Gesellschaft wählt.“

Sie ging zur Reling, die ein paar Meter von mir entfernt war, und blickte eine Weile schweigend auf das Wasser, als hätte sie mich nicht gehört.

„Ich würde lieber irgendwo anders sterben als auf See“, rief sie aus, als dächte sie laut, und kreuzte plötzlich die Hände auf der Brust, als hätte sie ein Schauer vom dunklen Ozean erfasst. „Der Schrecken, in dieser Leere dort begraben zu werden, würde mich am Leben erhalten. Oh, wenn es wahr ist, wie Shakespeare sagt, dass Träume uns in unseren Gräbern besuchen können – in unseren Gräbern an Land, wo es Gänseblümchen und grünen Rasen und die glitzernden Schatten der Blätter gibt und oft der Vollmond und die Hochsommernacht einen Frieden wie den Gottes selbst über die Toten verbreitet, der alles Verständnis übersteigt – *was für Visionen sollten* dann in den Schlaf eines Menschen eintreten, der tief in diesem großen Mysterium dort schwebt?“

humorvolle Passage , die mir aufgrund meines jungen Alters hätte entlocken können, und ich hätte versucht, sie bei jeder anderen feinen jungen Dame nach ihrem Vorbild zu verbessern; aber in diesem Moment war ich zufällig pervers und meine Stimmung war jedem Gefühl zuwider.

„Warum", sagte ich und tat so, als starrte ich aufs Wasser, „was ist der Unterschied zwischen dem Hinablassen in einem Sarg und dem Überbordheben in einem Segeltuchsack mit einem Klumpen Heilstein zu den Füßen, wenn man es nicht weiß? Wenn man an die Meerjungfrau glauben könnte, an Korallenpavillons, die mit vom Meerfeuer glänzenden Fackeln erleuchtet sind, an jene süßen Lieder, die früher von *fischigen* Jungfrauen gesungen wurden, die ihre goldenen Leiern mit Elfenbeinarmen und Perlenfingern schwangen, glaube ich, dass ich, wenn meine Zeit gekommen wäre, sehr gern den Sprung wagen würde, ja ihn sogar dem Vorzug *vor* ... "

Ich wandte meinen Blick vom Wasser ab und sah ihre Gestalt auf der Niedergangstreppe , die sie hinuntertrieb!

Eine Minute später kam Colonel Bannister vorbei. Er kam ganz nah an mich heran, starrte mich eindringlich an und sagte: „Oh, Sie sind es, Dugdale ! Ich dachte, es wäre der Zweite Maat. Das ist ein guter Schlag! Da ist ein Mann tot.“

„Er konnte nichts dafür, Colonel", sagte ich.

„Ja, aber woran ist er gestorben?", rief er. „Ich habe Hemmeridge gefragt , und er will der Krankheit keinen Namen geben. Ich will nicht, dass es weitergeht, aber unter uns, ich und der Bettpfosten, hängen Sie mich auf“ – hier dämpfte er seine Stimme zu einem außergewöhnlich krächzenden Flüstern – „wenn ich Hemmeridge nicht glaube “ – und er hob die Hand zum Mund, als ob er trinken würde. „Meine Behauptung ist , sie haben kein Recht, die Leiche zu behalten. Was soll das? Da Hemmeridge stumm ist, wer will dann sagen, dass der Seemann nicht an Pocken gestorben ist? Das ist es, sehen Sie! Pocken! Und eine Menge Kreaturen vorn, die es mit der Sauberkeit teuflisch vernachlässigen, wie alle Seeleute, ganz zu schweigen von einem Haufen von uns achtern, die umkommen müssen, wenn eine Seuche ausbrechen sollte. Wohlgemerkt, ich sage *umkommen* ! Wo ist der zweite Maat?“

Er überquerte ungestüm das Deck und eilte auf die Luvseite des Achterdecks zu.

„Verzeihen Sie, Sir", sagte der Kerl am Steuerrad mit tiefer, salziger Stimme. „Es ist nicht an Leuten wie mir, etwas zu sagen , zumindest nicht hier.“ Er machte einen Schritt nach Lee, hielt eine Speiche auf Armeslänge von sich weg, um über die Reling zu spucken, und kam dann zurück. „Aber ich habe den Bootsmann sagen hören , dass Sie zu Ihrer Zeit Seemann waren, und ich weiß, dass der Herr, der Sie gerade verlassen hat, ein Soldat ist . Und ich hätte es sehr ernst genommen, wenn Sie ihn einen verdammten Lügner genannt hätten , als er Ihnen sagte, dass wir ein ziemlicher Haufen sind .“

„Das ist er, mein Freund“, sagte ich, „ob ich es ihm sage oder nicht.“

immer wieder in Truppenschiffen gesegelt “ , rief der Kerl und unterdrückte seine Stimme halb, um seine wütende Stimme zu unterdrücken, „und ich konnte sagen, dass es trotz all seiner Pfeifen und seines schiffsmäßigen Aussehens keinen saubereren Mann gibt als den *Guffy* . Sagen Sie ihm das, Sir; und wenn er es nicht glaubt und der Kapitän es nicht glaubt, gib mir, schlag mich! wenn ich nicht bereit bin, es mit ihm zur Zufriedenheit aller Parteien auszudiskutieren , die zuhören möchten, entweder nach hinten – er schlug mit seiner riesigen Faust auf das Steuerrad; oder nach vorne – ein weiterer Schlag; oder unten im Laderaum – ein dritter Schlag; oder oben in dem Großmast dort; und hier versetzte er seinem Oberschenkel einen Schlag, der wie der Knall einer Feuerwaffe klang.

„Steuerrad da! Wohin steuern Sie das Schiff?“, rief der Zweite Maat vom vorderen Teil des Achterdecks; aber nur als Vorwand, glaube ich, um dem Oberst zu entkommen, der ihm inzwischen auf den Fersen war.

Als er rumpelnd nach achtern kam, ging ich nach vorne.

Es war das mildeste Wetter, das man sich am nächsten Morgen vorstellen kann, als ich eine Stunde vor dem Frühstück an Deck ging, um ein kaltes Bad im Kopf des Schiffes zu nehmen, was meiner Meinung nach der edelste Luxus ist, den das Meer zu bieten hat: Man muss sich nur ausziehen, über die Seite auf das Gitter zwischen den Kopfbrettern fallen, weit außer Sichtweite des Achterdecks, wo der Ausguss der Kopfpumpe, wie sie genannt wird, einen befehligt, und sich so eine halbe Stunde lang von einem einfachen Seemann bedienen lassen, der einem gerne für den Wert eines Glases Grog den Gefallen tut. Oh, die unbeschreibliche Wonne der Empfindung, die einen bis ins Mark durchdringt, wenn die glitzernde grüne Salzlake in Schaum aus einem herausströmt und in das blitzende Herz der Tiefe zurückfließt, aus der sie gesaugt wird!

Als ich auf dem Weg nach achtern an der Vorluke vorbeikam, bemerkte ich, dass unter einer Plane ein Haufen Zeug lag; im selben Moment verließ der Bootsmann seine Koje.

„Haben Sie gehört, wann die Beerdigung stattfinden soll, Sir?“

„Du meine Güte!“, rief ich erschrocken, „ich hatte das alles vergessen. Kein Wunder, dass wir und unsere Sorgen mit Funken verglichen werden, die nach oben fliegen, denn wir sind mit einem Atemzug ausgelöscht und völlig vergessen." Ich warf einen Blick auf die Plane auf der Luke und erinnerte mich hässlich und schaudernd an das Gesicht des Mannes, wie ich ihn zuletzt tot in seiner Koje gesehen hatte. „Nein", sagte ich, „ich kann Ihnen nicht sagen, wann sie ihn begraben wollen. Je früher, desto besser, würde ich sagen."

„Das stimmt, Sir", antwortete er. „Hier sind ein paar unserer Jungs, die schwören, sie hätten letzte Nacht schlechte Träume gehabt, und zwar wegen des Toten, der hier liegt. Tatsache ist, dass Crabb kein Liebling war , und da er, wie man so schön sagt, seinen Fluch ausgesprochen hat , wollen die Männer ihn wirklich loswerden."

Während er dies sagte, kam der dritte Maat, Mr. Playford , nach vorne und rief laut nach dem Bootsmann.

„Hier, Sir", antwortete Smallridge mit einer Stimme wie dem Brüllen eines Kalbs.

Der Beamte durchquerte die Luke und achtete darauf, dem Haufen unter der Plane einen großen Bogen zu machen.

„Die Beerdigung findet um vier Uhr statt, Bootsmann ", sagte er. – „Guten Morgen, Mr. Dugdale . Alle müssen sich waschen und bereit sein. Schade, dass es keinen Wind mehr gibt, Mr. Dugdale . Die Passatwinde kommen nur sehr langsam. Vier Uhr, Bootsmann , wisst ihr? hören Sie? Alle Mann – der große Fähnrich – vier Sargträger" , fügte er mit einem Grinsen hinzu – „alles muss in Ordnung und nach Bristol-Manier sein – um den Damen zu gefallen", fügte er hinzu und sah mich mit einem geschlossenen Auge an.

„Nun, jetzt wissen Sie alles darüber, Mr. Smallridge ", sagte ich und ging mit Mr. Playford nach achtern . Als dann die Frühstücksglocke läutete, betrat ich die Kajüte und nahm meinen Platz ein.

einen einzigen, von Miss Temple zu erhaschen , die sich wahrscheinlich an die wenigen Worte erinnerte, die sie am Abend zuvor mit mir gesprochen hatte, und an ihren coolen Trick, sich wegzuschleichen, damit ich laut mit mir selbst sprechen konnte. Aber sie wandte mir nie die Augen zu. Manchmal sprach sie über den Tisch hinweg mit Mr. Colledge , einmal neigte sie ihre schöne Figur Captain Keeling zu, um auf eine seiner Bemerkungen zu antworten, und wechselte gelegentlich ein paar Sätze mit ihrer Tante. Aber der Rest von uns hätte genauso gut versteckt sein können, wie Crabbs Leiche vorn lag, so viel Aufmerksamkeit schenkte sie uns.

„Ich freue mich, dass diese Beerdigung stattfindet", sagte Mr. Johnson zu mir. „Ich habe einem Freund, dem eine Zeitung in London gehört, eine Artikelserie über diese Reise versprochen, und bis jetzt habe ich noch nicht ganz herausgefunden, was ich tun soll. Denn was ist geschehen, das es wert wäre, darüber zu berichten? Zum Teufel mit meiner Perücke! Abgesehen von dieser Kollision, aus der ich weder Kopf noch Schwanz herausbekommen habe und es deshalb auch nicht wage, es zu versuchen, was für ein Zwischenfall, der sich für das, was ich als Wortmalerei bezeichnen könnte, ereignet hat?"

„Diese Beerdigung sollte Ihnen die Chance geben , die Sie sich wünschen", sagte ich.

„Ja", rief er aus, „ich glaube, ich werde ihm gerecht werden können. Ich bin mir in Bezug auf nautische Begriffe etwas unsicher, und wenn ich mit dem Bericht fertig bin, wäre ich froh, wenn Sie ihn sich anhören würden, Mr. Dugdale , und etwaige geringfügige technische Fehler korrigieren würden, die mir unterlaufen könnten. Selbst jetzt würde ich erschossen werden, wenn ich den Unterschied zwischen Steuerbord und Backbord erkennen könnte – irgendwie kann ich es mir nie merken. Die Wörter sind sich so verdammt ähnlich, wissen Sie."

„Wenn ich Sie wäre", sagte ich, „würde ich nicht zulassen, dass meine Unwissenheit über das Leben auf See mich daran hindert, ausführlich darüber zu schreiben. Nur wenige Seeleute lesen; niemand sonst versteht den Beruf. Sagen Sie, was Sie wollen, und Sie brauchen Ihre Absurditäten nur mit einem großspurigen Pinsel auf die Leinwand zu malen, um als Autorität anerkannt zu werden."

„Dennoch", rief er aus, „möchte ich in einem Bericht über eine Beerdigung auf See die Takelage richtig haben; und auch wäre es", fügte er selbstgefällig hinzu, „in einer Beschreibung, die wahrscheinlich nicht an einigen der erleseneren Qualitäten der Poesie fehlen dürfte, nicht wünschenswert, so unbedeutend der Fehler in den Augen von Landratten auch sein mag, den Großmast mit, sagen wir, dem Besanbaum zu verwechseln."

Ich versicherte ihm, dass ich mich freuen würde, seinen Bericht zu hören, wenn er ihn geschrieben hätte, und bald darauf verließen wir den Tisch und gingen an Deck.

Das Schiff bot heute Morgen eine prachtvolle Segelschau. Die Rahen waren ein wenig nach vorn gespannt; die Luvschlaufe des Großsegels war oben; alle Leesegel an Backbord waren aufgesetzt, und hoch oben sah es aus wie ein Linienschiff mit seinen immens großen, quadratischen Rahen, die sich bis zum Bug erhoben, dem großen Hiss des Großmarssegels mit seinen vier Streifen Reffspitzen, den enorm dicken Wanten und großen Tops und dem ganzen Himmel über dem Bug und weit nach Backbord, der von viel Stoff verdeckt war, der im Sonnenschein glänzte und sein eigenes Licht in die blaue Luft warf, in einer Art flüssigem, strahlendem Strahl, der von seinen Rändern herüberströmte und in einer exquisiten Zartheit der Umrisse

zitterte wie eine dünne Eisschicht vor dem Himmel. Am Mast wehte die rote
Flagge auf Halbmast, träge schwebend in satten, brandneuen Falten von
sonnigem Purpurrot im ruhigen Hauch des Windes über dem Achterkamm.
Es war ein Hinweis auf das Kommende, und man bemerkte den Einfluss auf
die Passagiere, die mit gedämpfter Stimme sprachen und nachdenklich
gingen, als wäre heute Sabbat und als stünde bald ein Gottesdienst bevor .
In dem weiten, glänzenden Kreis ringsum war nichts zu sehen, abgesehen
von den Schultern einer Gruppe riesiger cremefarbener Wolken weiter unten
im Westen, die aussahen wie die Bergkuppen eines schneeweißen Landes.

Kurz vor zehn Uhr nahm Smallridge auf dem Vorschiff Stellung, legte seine
silberne Pfeife an die Lippen und ließ den schrillen metallischen Ruf durch
das ganze Schiff schallen, gefolgt von einem tiefen Orkanbrüllen: „Alle
Mann bereiten sich auf die Beerdigung vor." Die Jacks hatten seit dem
Frühstück frei und kamen auf die melodische Einladung des Bootsmanns
hin aus dem Vorschiff gepurzelt, alle in der schmucken Sommerkleidung
jener Tage – wallende weiße Hosen , bunte Hemden, runde Jacken, Kragen,
die bis zur Hälfte der Brust offen lagen, ein halber Klafter Seidenschal, der
in den Seemannsknoten eingearbeitet war, und zumeist runde Strohhüte, die
wie die hohen Hüte von heute geformt waren, aber die Krone erheblich
tiefer. Sie kamen nüchtern in Gruppen von drei oder vier herangerollt und
sammelten sich vor der Gangway und rund um die Luke und den riesigen
Mastpfeiler, der achtern in die Höhe ragte. Im Vordergrund stand Smallridge
, mit drei Reihen Stoffknöpfen an seiner Jacke, sein sturmgepeitschtes
Gesicht leuchtete vom frischen Waschen und seine Wangen wurden von
einem Paar hochstehender Kragen eingerahmt, wie sie der schwarze
Minnesänger unserer Zeit so gerne verwendet, um sein geschwärztes Gesicht
zu verschönern. Neben ihm war der Segelmacher, dessen kleine
blutverschmierte Augen sich unruhig von beiden Seiten seiner hohen
römischen Nase nach hinten auf die Leute auf dem Achterdeck richteten.
Neben ihm war der Koch, ein dicker, gallig aussehender Mann, und dicht
neben ihm der Zimmermann, ein verwitterter alter Schotte mit einem
Gesicht aus Leder, das durch Zeit, Wetter und Launenhaftigkeit in tausend
Falten gehüllt war.

Der erste, dritte und vierte Maat nahmen ihre Plätze etwas hinter der
Gangway ein und ließen den zweiten Offizier auf dem Achterdeck zurück,
um auf das Schiff aufzupassen. Ein junger, mit bunten Knöpfen bekleideter
Mann stand an der Glocke, die er im Trauertakt schlug, und blickte sich
ständig um, um jemanden zu finden, mit dem er ein Lächeln austauschen
konnte . Als alle versammelt waren, stolzierte der Kapitän feierlich aus der
Kajüte, das Gebetbuch in der Hand. Er war wie die Offiziere gekleidet, in
einem langen blauen Mantel mit schwarzen Samtrevers, Manschetten und
Kragen und weißen Jeanshosen. Das einzige Merkmal, das seine Kleidung

von der der Maaten unterschied, waren die schmucklosen Mantelmanschetten ; während der Erste Maat einen Knopf am Handgelenk hatte, der Dritte drei und der Vierte vier. Keeling war ein sehr frommer Mann, und die Art, wie er sich dieser ernsten Angelegenheit widmete, war voll altmodischer Ehrfurcht und Ehrerbietung, und man müsste lange suchen, um bei modernen Kapitänen etwas Vergleichbares zu finden, jedenfalls bei einer solchen Zeremonie wie der Bestattung der sterblichen Überreste eines Backarbeiters. Die meisten Passagiere hatten sich entlang der Heckkante versammelt, um der Zeremonie beizuwohnen. Ich sehe dieses große und bewegende Bild noch heute ganz frisch vor mir: die Masse schnurrbärtiger Gesichter, eines hinter dem anderen hervorlugend, fast jeder Kiefer bewegte sich beim Nagen eines Pfunds; Keeling und seine Offiziere in voller Montur; die bunten Kleider der Damen flatterten entlang der Heckreling; ich erinnere mich an die tiefe Stille, die sich über das schöne Schiff legte, und die nur vom Läuten der Glocke und dem Rauschen des Wassers durchbrach, das träge ans Ufer schwappte. Hoch über uns erhoben sich die großen Segeltuchquadrate in leuchtenden Wolken, eines bauschte sich nach dem anderen auf, während das gesamte majestätische Gewebe sanft wiegte, als wäre das Schiff etwas Empfindungsfähiges und würde mit seinen Mastspitzen im Takt der traurigen Glockenschläge auf dem Achterdeck bleiben.

Die Glocke verstummte; der Fähnrich schlug zehn Uhr; die Bocksleute auf dem Achterdeck bildeten eine Gasse, und von vorn kamen vier kräftig gebaute Seeleute herunter, die auf ihren Schultern ein Lukengitter trugen, auf dem die Hängematte mit der Leiche lag, die mit Englands Handelsflagge bedeckt war. Ein Ende dieses Gitters lag auf der Leereling; dann begann der Kapitän, die Seebegräbniszeremonie zu verlesen. Mr. Johnson, der neben mir stand, starrte durstig auf die Szene; und mir war , als würde Mr. Emmett, der auf der Reling in Luv saß, seine Augen über die Farbmasse rollen lassen, die weicher und heller wurde, als die Bewegung des Schiffes die Schatten verlagerte, als ob sich in seinem Kopf die Vorstellung regte, dass aus dem Schauspiel ein überraschendes Gemälde entstehen könnte. Der Kapitän hielt inne; die Flagge wurde weggerissen, das Gitter gekippt und die weiße Hängematte blitzte über Bord. Ich stand an der Leereling und blickte auf das Meer neben mir, als die Hängematte von der Reling raste. Doch statt zu sinken, schwamm der Ozeansarg wie ein Rettungsring nach achtern, schaukelte tapfer auf dem Sommersturm und hob und senkte sich auf der Dünung wie ein Entenboot.

Ich glaube, außer mir hat das niemand gesehen, und alle lauschten ehrfürchtig den Schlussworten, die der Kapitän aus dem Gebetbuch rezitierte . Ich ging hastig nach achtern, um die Hängematte zu beobachten, als sie in unser Kielwasser eintauchte, und winkte Mr. Cocker, der sofort über das Deck kam.

„Sehen Sie da!", rief ich und deutete auf das Ding, das in den von unserem Kiel aufgewühlten Wirbeln herumtollte und in die Ferne kroch, während das Schiff langsam dahinfuhr. „Freund Crabb scheint es nicht eilig zu haben, an Davy Jones' Tür zu klopfen."

„Ich nehme an, der dumme Segelmacher hat vergessen, den Körper zu wiegen", sagte er. „Es sei denn", fügte er mit leicht veränderter Stimme hinzu, als ob er es ernst meinte, obwohl er nicht wollte, dass ich ihn ernst nahm, „der Kerl war zu Lebzeiten ein zu großer Schurke, um jetzt, da er nur noch ein Körper ist, unterzugehen."

„Ich dachte", rief ich aus, „dass böse Seeleute wie Falstaff schnell untergehen."

„Dann will ich Ihnen eine Tatsache erzählen, Mr. Dugdale ", sagte er. „Ich war an Bord eines Schiffes, auf dem wir einen Mann begruben, der in Jamaika einen Neger ermordet hatte . Er war ein Raufbold bis in die gelben Fersen, Sir, und unserer Meinung nach lastete auf seinem Gewissen noch mehr als das Blut eines Schwarzen . Es herrschte völlige Windstille, als wir ihn mit einer zwölfpfündigen Kugel an den Klauen seiner Hängematte über Bord warfen. Er sank hinab, kam aber wieder hoch und lag wackelnd unter den Hauptketten. Der Kapitän, der einen solchen Nachbarn nicht mochte , befahl ein Boot mit einem neuen Gewicht für die Leiche. Es war eine weitere zwölfpfündige Kugel, und sie warf ihn hinab, wie alle erwarteten. Doch kaum war das Boot gehoben, als der Erste Offizier, der über die Reling blickte, leise rief: „Da ist Joey wieder." Und *da* lag die Hängematte direkt unter den Besanketten. „Es war ein Glück, dass gerade in diesem Moment ein Windhauch aufkam und die Barke davontrieb, denn wäre die Windstille angehalten, hätten die Männer schwören können, dass der Körper das Schiff gepackt hatte und es nicht mehr bewegen ließ. Aber ob wir es jemals versenken konnten" – er schüttelte den Kopf, deutete auf die Hängematte, die jetzt wie ein Schaumklecks im Heck unseres Kielwassers zu sehen war, und rief: „Mit Crabb ist es genauso . Er ist von der Sorte, mit der Old Davy nichts zu tun haben will."

Wieder ertönte die Flöte des Bootsmanns; die Zeremonie war vorüber. Die Matrosen schritten ernst auf das Vorschiff zu, die Passagiere verteilten sich auf dem Achterdeck.

„Durchaus sehenswert, finden Sie nicht?", sagte Mr. Johnson und kam auf mich zu, als hätte er gerade eine Bühnenvorstellung hinter sich, die ihm gefallen hat. „Lassen Sie mich nur meine nautischen Details klären, und ich

glaube, ich kann mir einen sehr schönen Artikel zusammenstellen, Mr.
Dugdale ."

KAPITEL VIII
EINE SELTSAME FRACHT

WIR nahmen den Nordostpassat auf den Kanarischen Breitengraden; es wehte jedoch eine sehr leichte Brise, die uns gelegentlich tatsächlich im Stich ließ, und mehr als einmal deutete sich eine deutliche Veränderung des westlichen Himmels an, obwohl sich nichts änderte. Kapitän Keeling erklärte, er könne sich in seinem ganzen Leben nicht an einen so schwachen Passat erinnern . Es drohte uns tatsächlich eine lange Überfahrt bis zum Äquator, und immer wieder war ich so verärgert, als hätte ich das Kommando über das Schiff gehabt und mein Ruf hinge von seiner Fahrt ab, wenn ich an Deck kam und sah, wie die lange, blaue Dünung auf unsere Backbordseite zurollte, gerade gesprenkelt vom zarten, sanften Wind, mit kaum einer leichten Welle, die ausreichte, um sich in Schaum zu verwandeln, während die Luvklampe des Großsegels ein- und ausschwang und die großen Marssegel, während das Schiff auf der Dünung knickste, mit kurzen Schlägen gegen die Masten schlugen, wodurch jedes Schot wie eine gezupfte Harfensaite durch das Seilloch in der Rah summte. Das alles unterschied sich sehr von meinem eigenen Erleben des Passats, als wir tagelang vom 27. Breitengrad Nord bis auf 30 Meilen an den Äquator heran wie eine einzige wilde, donnernde Segelperiode waren, mit Schaum an den Klüsen, jeder Rah und jeder Leesegelbaum spannte sich an seiner Spante wie ein Renner an seinem Zügel, das weiße Wasser in Lee blitzte blendend auf wie Schaum an den Stützflosse eines Raddampfers, und den ganzen Tag lang hörte man das feine Geräusch des Windes, der zwischen den Masten brauste, und am Himmel wehten die wollartigen Wolken des Passats, aufgeladen mit prismatischen Farbtönen, quer über unseren Kurs.

Dennoch gelang es uns, die Zeit mit einigermaßen Unterhaltung zu vertreiben. Mr. Greenhew und Mr. Riley waren bis über beide Ohren in Miss Hudson verliebt und begannen, sarkastisch miteinander zu reden, wenn Leute in der Nähe waren, die ihrem Gespräch zuhörten. Mr. Fairthorne schenkte Miss Mary Joliffe seine größte Aufmerksamkeit. Mynheer Peter Hemskirk schien die Gesellschaft von Miss Helen Trevor zu genießen, einem sehr dicken, blauäugigen Mädchen mit einem Bündel flachsblonder Locken, die vor jedes Ohr fielen und deren Haare hinten zu einem hohen Kamm hochgesteckt waren, der in seltsam starrender Weise auf ihrem Kopf saß. Das alles war unterhaltsam und konnte in aller Ruhe beobachtet werden. Dann gab es immer eine Partie Whist . Obwohl Colonel Bannister oft zu pikanter Laune war, um mitzuspielen, war seine aristokratische Frau mit dem Falkenschnabel immer bereit und begierig, mitzuspielen, und es durfte nie an Partnern fehlen, wenn Mr. Adam oder Mr. Saunders oder Mr. Hodder in der Nähe waren.

Colledge und ich waren gute Freunde und unterhielten uns in unserer Kabine und an Deck lange. Vielleicht lag es daran, dass wir uns eine Koje teilten, dass ich mehr mit ihm als mit den anderen zusammen war, obwohl Mr. Johnson einmal einen ironischen Streich versuchte, indem er sagte, dass meine Vertrautheit mit Mr. Colledge natürlich überhaupt nichts damit zu tun hatte , dass er der Sohn eines Lords war, „was", fügte er hinzu, „für Ihr Herz spricht, Dugdale , denn er hat sehr viele hervorragende Eigenschaften."

„Mr. Johnson", sagte ich, „ich halte Sie nicht für ein besonders brillantes Genie, und ich bin sicher, Sie sind nicht gerade mit satirischen Talenten gesegnet. Ich rate Ihnen, alles, was Sie in dieser Hinsicht haben, Ihrem Beruf zu widmen, denn wenn Sie sich als Buchkritiker selbstständig machen, werden Sie feststellen, dass Sie *gastados* sind, wie die Spanier sagen – erschöpft."

Aber zurück zu Mr. Colledge : Die Eigenschaft, die ich an ihm am meisten mochte, war eine gewisse Naivität. Er sprach von seiner Verlobung mit Fanny Crawley wie ein Schuljunge von einem ähnlichen Erlebnis und schien nicht zu wissen, was er damit anfangen sollte. Eines Tages lag er in seiner Koje und rauchte Pfeife, die Beine über die Kante gehängt, den Kopf auf den Arm gestützt, sein hübsches Gesicht war von der Hitze gerötet und seine sanften dunkelblauen Augen glänzten wie vom Wein. Ich war warm und erschöpft vom Achterdeck gekommen und lag ausgestreckt auf meiner Matratze auf dem Deck. Wir hatten über Miss Crawley gesprochen, und er hatte ihr Porträt aus seiner Brusttasche geholt , um es anzusehen; das war tatsächlich eine Angewohnheit von ihm, wenn er von ihr sprach, als könne er sich kaum einreden, dass er verlobt sei, ohne vorher einen Blick darauf zu werfen.

„Auf mein Wort, Dugdale ", sagte er träge, „verdammt, wenn Fanny nicht hier wäre, würde ich Louise Temple einen Heiratsantrag machen. Sie ist ein tolles Mädchen und genau die Art von Frau, die mein Vater mögen würde; eine schöne, stattliche Erscheinung für einen Salon, nicht wahr? Stellen Sie sich die Würde vor, mit der sie die Hand eines Herrschers küssen würde, indem sie die Sache durch ihre Begrüßung ins Gegenteil verkehrt und sie zur Verwirrung aller Augen zur Königin macht. Mein Vater kümmert sich nicht sehr um Fanny – sie hat keinen Stil, denkt er – nichts Vornehmes an ihr."

„Aber Sie sind mit seiner Zustimmung mit ihr verlobt, nehme ich an?"

„Ich weiß nicht", antwortete er.

Ich lachte und sagte: „Hat Miss Temple gehört, dass Sie verlobt sind?"

„Nein", antwortete er mit einem Anflug von Verwirrung. „Es war nicht nötig, es ihr zu sagen. Was sollte an einem solchen Geständnis für sie interessant sein? Sie sind die einzige Person an Bord des Schiffes, der ich die

Sache erzählt habe. Natürlich kann ich Ihnen vertrauen " , sagte er beruhigend.

„Vertrauen Sie mir!", rief ich und lachte erneut. „An dieser Verlobung ist doch nichts auszusetzen, sodass Sie befürchten müssten, das Geheimnis könnte verraten werden? Aber da es ein Geheimnis *ist* , ist es bei mir vollkommen sicher."

„Meinen Sie, ich sollte Miss Temple sagen, dass ich verlobt bin?", sagte er.

„Nun, wenn Sie mit ihr schlafen", sagte ich, „dann sollten Sie ihr vielleicht auch zu verstehen geben, dass Sie es nicht ernst meinen."

„Oh, verdammt noch mal, das *bin ich* !", rief er. „Ich meine", fügte er hinzu und fing sich wieder, „ich halte sie für ein tückisch bezauberndes Mädchen und für das entzückendste Geschöpf, mit dem ich je in meinem Leben flirten konnte; aber wenn ich hingehe und ihr sage, dass ich verlobt bin" –

'Also?'

„Das würde meine Verbindung mit ihr auf den Kopf stellen. Es ist ja nicht so, als ob Fanny in Reichweite einer frühen Stelle wäre. Selbst wenn ich geneigt wäre, meine Verlobung mit ihr aufzulösen, müsste ich dafür einige Monate brauchen. Verstehst du mich?"

„Sie meinen natürlich", sagte ich, „ daß ein Brief sie in weniger als sieben oder acht Monaten erreichen kann, es sei denn, Sie würden ihr einen mit dem Schiff nach Hause bringen."

„Ja, aber wenn man von der Heimreise absieht, kann Fanny nichts von meinem Entschluss erfahren – sollte es je dazu kommen – , bis sie den Brief erhält, den ich ihr nach Indien geschickt habe. Daher müsste ich mich während dieser ganzen Zeit als mit ihr verlobt betrachten."

„Zweifellos", sagte ich und begann mich zu langweilen.

„Miss Temple würde diese Ansicht teilen", sagte er, „und aus diesem Grund möchte ich ihr nicht die Wahrheit sagen."

„Ich verstehe Ihre Logik nicht ganz", rief ich aus, „aber das macht nichts. Vielleicht wollen Sie zu viele Liebschaften. Aber was Ihr Geheimnis betrifft, können Sie darauf vertrauen, dass ich den Mund halte. Möglicherweise bewundere ich Miss Temple genauso sehr wie Sie und sehe in ihr Qualitäten, die sogar über ihre Vortrefflichkeit als Posing-Meisterin hinausgehen, aber ich liebe sie noch nicht so leidenschaftlich, dass ich sie nicht ein wenig gedemütigt sehen möchte durch die Lektion, die sie wahrscheinlich aus Ihrer Freude an ihrer Gesellschaft lernen wird."

„Ich verstehe nicht", rief er und klopfte träge die Asche seiner Pfeife durch das offene Bullauge hinaus.

Ich auch nicht ", rief ich und sprang mit einem lauten Gähnen auf. „Der Himmel segne uns, mein lieber Colledge ! Ich vermute, wir sind jetzt gut tausend Meilen von der nächsten afrikanischen Landzunge entfernt. Wir sind also sicher weit genug von aller Zivilisation entfernt , um dem Einfluss der Mädchen entzogen zu sein! Befolgen Sie meinen Rat und bewahren Sie Ihr Herz, bis Sie in Indien sind. Vielleicht erwartet Sie dort eine Prinzessin, die ein Tigerfell als Geschenk eher zu schätzen weiß als Miss Temple; und Miss Crawleys gebrochenes Herz wird schnell heilen, wenn sie erfährt, dass Ihre Frau eine schwarze Haut hat."

„Ach, verdammt noch mal!", hörte ich ihn anfangen, aber mir war das Thema zu langweilig, und ich schlenderte hinaus, um nachzusehen, was an Deck los war.

Es herrschte sehr wenig Wind; tatsächlich trieben hier und da glasartige Schwaden auf dem Meer in sichelförmigen Hörnern auf dem ruhigen Puls der langen, langsamen Dünung, als würde tatsächlich bald völlige Windstille einsetzen. Nur die oberste und leichteste Leinwand schlief; die schwereren Tücher hingen auf und ab und hatten nur so viel Leben in sich, wie sie durch das Heben und Senken des Schiffes verloren hatten; und obwohl wir uns noch immer tief im Herzen des Nordatlantiks befanden, schien mir die Erscheinung der Dinge einen wahren tropischen Touch zu haben - im klaren, blassen Blau des Himmels; im trägen Kriechen der Wolken, deren gerundete Brauen in kupferner Farbe hervorlugten ; im Flackern der Atmosphäre über der heißen Linie der Schanzkleide, als ob eine Art Dampf vom Holz aufstiege; im ausgedörrten Aussehen des Fahrwerks und im salzigen Glitzern der weißen Planken; in den Gestalten hochroter Männer mit nackten Füßen und bloßen Armen und Brustkörben, die immer wieder zum großen, etwas vor der Gangway festgebundenen Lukendeckel kamen und aus der Metallschöpfkelle tranken.

Als ich auf dem Achterdeck ankam, stand der Kapitän achtern, umgeben von einer Reihe von Damen , und richtete ein Fernglas über den Steuerbordbug auf das Meer. Der Erste Offizier am Kopfende der Achterdeckleiter starrte ebenfalls in dieselbe Richtung, mit Mr. Johnson daneben, der ihn mit Fragen löcherte, und dem kleinen Saunders auf Zehenspitzen , der über die Reling sehen konnte, während er sich mit einem großen, flatternden schwarzen Windhauch Luft zufächelte.

Ich trat zur Seite, um nachzusehen, und sah ein Objekt in etwa einer Meile Entfernung, das von Zeit zu Zeit einen feuchten Lichtblitz aussendete. Ich bat den Maat, mir sein Fernglas zu leihen, und erkannte sofort, dass es sich um den gekenterten Rumpf eines etwa achtzig Tonnen schweren Schiffes handelte. Es schwamm fast bis zur Linie seiner gelben Ummantelung, und das goldähnliche Metall, das aus dem sanften Schwung der blauen Salzlake nass zur Sonne aufstieg, schoss Blitze, die so blendend waren wie Flammen aus der Mündung einer Kanone.

Ich habe Mr. Prance das Glas zurückgegeben.

„Ich glaube, sie ist noch nicht lange in diesem Zustand?", sagte ich.

„Nicht vierundzwanzig Stunden, würde ich sagen", antwortete er. „Ich sehe keine Wrackteile um sie herumschwimmen."

„Ich auch nicht. Wenn sie eine Mannschaft an Bord hatte, als sie durchdrehte", sagte ich, „dann hat sie sie vielleicht niedergestreckt, so wie man Fliegen unter einem Glas einsperrt."

„Gott segne uns, was für ein schrecklicher Tod!", rief der kleine Saunders. „Ich kann mir keine Qual vorstellen, die der gleicht, in einer Kabine auf einem sinkenden Schiff zu sein und mit ihm unterzugehen und zu *wissen* , dass es unter Wasser ist und sich noch beruhigt."

Der kleine Kerl schauderte und zog ein großes blaues Taschentuch hervor, mit dem er sich die Stirn trocknete.

„Wie lange könnte ein Mensch in einer Hütte unter Wasser leben?", fragte Mr. Johnson.

„Lange genug, um mit dem Leben davonzukommen", antwortete der Maat, nahm das Glas aus dem Auge und sah Mr. Johnson an. „Ich werde Ihnen in wenigen Worten eine merkwürdige Geschichte erzählen, Sir; abgefahren genug, um einem von Ihnen, den literarischen Gentlemen, eine erstklassige Seemannsgeschichte zu liefern. Ein kleines Schiff wurde dort zwischen Tariffa und Tanger mitten im Meer entmastet. Die gesamte Besatzung bis auf einen Mann konnte mit dem Boot entkommen. Der übriggebliebene Kerl lag betrunken in der Kajüte. Die See verlagerte die Ladung ; kurz darauf kenterte es und ging unter. Ein paar Tage später tauchte dasselbe Schiff vom Meeresgrund auf und landete an der Küste in der Nähe von Tanger. Es wurde geentert und man fand den Mann lebend in der Kajüte."

„Was war die Ladung des Schiffes, Mr. Prance?", erkundigte sich der kleine Saunders.

„Öl und Brandy, Sir."

„ Meinen Sie nicht ", rief Mr. Johnson, „dass Ihre Geschichte bei den Marines durchaus ankommen würde, Mr. Prance, Ihre Matrosen sie Ihnen aber nicht glauben würden, wenn Sie sie ihnen erzählen würden?"

Damen langsam vorwärtsgekommen war .

„Herr Prance."

'Herr?'

„Dieses Objekt dort stellt eine Gefahr für die Schifffahrt dar. Ich denke, es wäre nett von uns, einen Schuss darauf abzugeben."

„Ja, ja, Sir."

„Wir werden das Ruder verlagern", fuhr der alte Keeling mit der spitzen, zugeknöpften Stimme und Miene fort, die er zu verwenden pflegte, wenn er sich in Anwesenheit der Passagiere an seine Kameraden wandte, „um das Wrack in Reichweite unserer Carronaden zu bringen."

'Sehr gut, Herr.'

„Ich vermute", fuhr der alte Marlinspike fort, „dass sie in ihrem Laderaum eher in der Luft schwimmt als auf ihrer Ladung, selbst wenn es sich um Kork handelt; und wenn wir ein Loch hineinschlagen können, wird sie sinken."

Mr. Prance trat ans Steuer und das Schiff änderte seinen Kurs. Anweisungen wurden weitergeleitet und der Bootsmann, der neben seinen Pflichten auch die des Hauptschützen an Bord der *Countess Ida* innehatte, beaufsichtigte das Laden einiger Geschütze.

„Bitte sagen Sie mir, wann sie schießen, Mr. Riley, damit ich mir die Ohren zuhalten kann", rief Miss Hudson, die an diesem Morgen mit ihrem weiten Strohhut und ihrem Body aus einem musselinartigen Material, durch das der Schnee an ihrem Hals und Nacken durchschimmerte, was an eine weiße Rose in einer Kristallvase erinnerte, wie eine sehr hübsche kleine Frau aussah.

Mit einem Blick voller Scheren und Daumenschrauben, wie Matrosen sagen, auf Mr. Riley teilte Mr. Greenhew Miss Hudson mit, dass er, wenn sie etwas gegen den Lärm einzuwenden hätte, darauf bestehen würde, dass der Schuss nicht abgefeuert würde , und die Sache zu einer persönlichen Angelegenheit zwischen sich und dem Kapitän machen würde.

„Um keinen Preis, trotzdem vielen Dank", sagte Miss Hudson und warf ihm durch die Wimpern einen schmachtenden Blick zu. Da Mr. Riley dies miterlebte, würde dies, da war ich mir sicher, später zu einer Menge Sarkasmus zwischen den jungen Männern führen.

Das Schiff bewegte sich sehr langsam, und wir waren fast unmerklich auf das Wrack zugeschwommen. Dann schlug der Kapitän den Damen vor , nach achtern zu gehen, und los ging es in einem Gewirr bunter Kleider , Mrs. Colonel Bannister ging voran, und Mrs. Hudson humpelte mit den Fingern in den Ohren hinterher. Ein Kerl mit purpurnem Gesicht und riesigen Schnurrhaaren visierte das Geschütz an.

„Lass es jetzt los, wenn du bereit bist", rief Mr. Prance.

Es gab eine laute Explosion; Mr. Johnson fiel zurück auf die Füße von Mr. Emmett, der vor Schmerz aufschrie und mit einem Fuß in der Hand zum Oberlicht hüpfte. Die Damen kreischten mehrmals, und mir kam es vor, als würden die Barthaare des Colonels, der neben mir stand und durstig zusah, mit noch größerer Spannung jeder einzelnen Faser aufgespreizt , begleitet vom Donnern des Gewehrs und dem Geruch des Schießpulvers. Die Kugel flog daneben.

„Noch ein Schuss!", rief Mr. Prance.

Peng!, machte das Geschütz. In diesem Moment hatte ich das Wrack im Auge und sah, wie die Hälfte des Achterstevens , von dem das Ruder abgefallen war, und ein paar Fuß des Kiels, an dem es befestigt war, wie eine zerbrochene Flasche verschwanden.

„Das war's!", rief der alte Keeling aufgeregt, während er da stand und das Wrack durch sein Fernglas beäugte. „Wenn es durch ein Loch, durch das die Luft entweichen kann, sinkt, ist es so gut wie untergegangen."

Er hatte dies kaum gesagt, als plötzlich über die ganze Länge unseres Schiffes ein Stimmengebrüll zu hören war.

„Sehen Sie, sie ist voller Männer!"

„Lebendiges Herz, wo kommen sie her?"

„Sie erheben sich, als wären sie Leichen, und der letzte Knall ertönt."

„Was dürfen sie sein? Was dürfen sie sein?"

„Verteidigen Sie uns! Sie müssen alle in einer Minute auf dem Wasser sein und ertrinken!"

Fünfzig Ausrufe dieser Art hallten über die Schanzkleider, wo sich die Matrosen in voller Zahl versammelt hatten, um die Wirkung des Schusses zu beobachten. In meiner Reichweite befand sich kein Fernglas, aber ich hatte scharfe Augen und auf den ersten Blick glaubte ich, dass der Rumpf ein Sklavenschiff gewesen war, das gekentert war, als es voller Neger war, und dass unser Kanonenschuss achtern ein Mannloch geschaffen hatte, das groß genug war, damit sie entkommen konnten. Es waren zwanzig oder dreißig. Sie stießen mit außerordentlicher Behändigkeit durch die Öffnung und die meisten von ihnen saßen sehr fest auf der klaren Linie des Kiels. Aber hin und wieder verlor einer von ihnen das Gleichgewicht und rutschte die harte, helle Oberfläche der gelben Verkleidung auf der Rundung des Kiels hinab, plump ins Wasser, wo man ihn bei verzweifelten, aber nutzlosen Versuchen beobachten konnte, den nassen und rutschigen Abhang wieder zu erklimmen .

„Affen, so wahr ich ein Mensch bin!", brüllte Mr. Prance.

„Eine Ladung Affen, Sir!", rief der Kapitän vom anderen Ende des Achterdecks, während er sein Fernglas weiter auf das Wrack gerichtet hielt.

Von den Jacks kam ein stöhnendes Stöhnen, gefolgt von wildem Gelächter. Tatsächlich musste man genau hinsehen, um es zu glauben, so unglaublich seltsam war der Vorfall. In einem Moment war das Wrack nur noch eine Kurve aus nackter gelber Hülle, die beim Rollen in die Sonne blitzte; im nächsten, puff !, donnerte die Kanone, und als ob ihre grinsenden diamantenen Lippen eine magische und teuflische Macht der Beschwörung besaßen, siehe da! Das Loch, das der Schuss gemacht hatte, spuckte Affen aus, und im Nu waren die leuchtenden Rundungen des Kieltuchs mit den Gestalten hockender, sich anklammernder, grinsender Kreaturen aller Größen bedeckt, manche wie kleine haarige Babys, manche wie Männer, die mindestens so groß waren wie Mr. Saunders.

„Ich schätze, es wird bald ein Mensch aus diesem Loch emporsteigen", sagte Mr. Prance. „Wenn er ein Mensch ist, muss er langsamer sein als die Affen. Wie viele sind Sie , Mr. Dugdale ?"

„Etwa dreißig oder vierzig", sagte ich. „Aber ich sage Ihnen was, Mr. Prance: In ein paar Minuten wird keiner mehr da sein, denn der Rumpf sinkt schnell."

In diesem Augenblick rief Kapitän Keeling: „Mr. Prance – lassen Sie eines der Achterboote bemannen. Es ist, wie ich dachte – der Rumpf schwebte in seinem Laderaum in der Luft und es sinkt schnell. Wir können diese armen Geschöpfe nicht ertrinken lassen. Holen Sie das Großmarssegel zurück."

Die Besatzung eines Bootes kam auf den Ruf des Steuermanns nach achtern gedrängt; in aller Eile wurden die Seile losgerissen und die Takelage mit den Männern an ihren Plätzen gelockert, während der vierte Offizier im Achterdeck das Ruder einzog, als das Boot sank. Für den Moment herrschte großes Durcheinander, denn die Matrosen taumelten nach achtern, die Passagiere wichen aus, es herrschte ein Stimmengewirr von Frauen und das Geschrei der Seeleute, die an den Großsegeln zogen, um die Rahen zu sichern.

„Da geht sie!", rief ich . „Ich glaube, es werden nicht viele dieser Tiere gerettet. Affen sind mittelmäßige Schwimmer."

„Jetzt schnell, Mr. Jenkinson", rief Mr. Prance dem vierten Offizier zu, „sonst ertrinken sie alle."

Die Kerle gaben willig nach, und das Boot surrte auf den Fleck mit den kleinen schwarzen Köpfen zu, die auf der Dünung auf- und abstiegen, als ob dort draußen ein Sack Kokosnüsse gekentert wäre. Alle standen da und starrten schweigend. Der ertrinkende Kampf eines einzelnen Tieres ist ein erbärmlicher Anblick; aber eine Menschenmenge sterben zu sehen, einen ganzen Haufen Bestien, die mit ihren Gesichtern und Gesten das Aussehen und die Bewegungen der leidenden Menschheit grausam nachahmen, ist schmerzhaft und in der Tat unerträglich. Die Damen waren ans vordere Ende des Achterdecks gekommen, um den Matrosen, die an der Hauptstütze zogen, aus dem Weg zu gehen, und ich fand mich neben Miss Temple an der Reling wieder.

„Das *sind* wohl Affen?", sagte sie, warf mir rasch einen Blick aus ihren schwarzen Augen zu und starrte dann wieder seewärts, ihr bleiches Gesicht so leidenschaftslos wie eine Schnitzerei, und nichts deutete darauf hin, dass sie von der Aufregung der Szene mit den ertrinkenden Affen und dem rasenden Boot auch nur im Geringsten bewegt war, abgesehen von ihren geöffneten Lippen, als ob sie ein wenig schnell atmete.

„Sie sind so sehr Affen", sagte ich, „wie Fell und Schwanz ein Lebewesen nur machen können."

„Glauben Sie, dass in diesem Laderaum lebende Menschen eingesperrt waren?"

jetzt nichts, worüber man spekulieren kann ."

„Wie konnten diese Affen ohne Luft überleben?"

„Es muss Luft da gewesen sein, Miss Temple, sonst hätten sie nicht überlebt. Die Geschichte des Schiffbruchs scheint mir ganz einfach. Es handelte sich zweifellos um einen kleinen Schoner von der brasilianischen Küste, der mit einer Ladung Affen, die immer eine verkaufbare Ware sind, einen europäischen Hafen ansteuerte. Sie waren vielleicht irgendwo achtern im sogenannten Lauf verstaut. Das Schiff kenterte und trieb, wie Kapitän Keeling vermutete, auf der Luft in ihm. Unsere Kanonenkugel schlug ein Loch in den Rumpf direkt über dem Affenquartier, und sie kamen heraus. Ich kann Ihnen noch wundersamere Dinge erzählen."

„Sie muss , wie Sie es nennen, erst vor kurzem *gekentert* sein", sagte sie und blickte mich erneut an – bei ihr war es selten mehr als ein flüchtiger Blick, als glaubte sie, dass eine solche Schönheit wie ihre Augen ihnen ein Recht auf königliche Privatsphäre verschaffte.

„Zweifellos", antwortete ich.

Inzwischen hatte das Boot die Stelle erreicht , an der der Rumpf gesunken war, und wir konnten die Männer sehen, die über Bord lagen und die Affen aufhoben. Ich ließ meinen Blick gespannt über die Oberfläche schweifen, da ich mir irgendwie vorstellte, dass ein oder mehrere Männer auftauchen könnten, aber davon war nichts zu sehen . Das Boot blieb stehen, und die

Männer darin standen auf und sahen sich um. Dann setzten sie sich wieder hin, die Ruder blitzten, und bald darauf rauschte das kleine Tuch durch das Wasser ans Ufer.

„Wie viele haben Sie gefangen, Mr. Jenkinson?", rief der Maat.

„Nur acht, Sir. Ich glaube, sie waren halb tot vor Hunger und Durst und hatten nicht die Kraft zu schwimmen, denn die meisten von ihnen waren gesunken, bevor wir uns ihnen nähern konnten."

„Gib den armen Biestern deine Hand."

Einige der Jacks sprangen in die Ketten, um die Tiere in Empfang zu nehmen, und sie wurden über die Reling auf das Achterdeck gereicht . So sehr man die unglücklichen Tiere auch bemitleiden mochte, es war unmöglich, sie mit ernster Miene anzusehen. Eines von ihnen war ein Affe mit weißen Schnurrhaaren wie eine Halskrause und einem Haarbüschel auf der Stirn, das den Rest seines Kopfes kahl aussehen ließ. Er hatte ein Auge verloren, aber der andere Scheuklappen war so voller menschlichem Ausdruck, dass ich mich vor Lachen schüttelte, als ich ihn ansah. Er saß wie ein Lascar auf seinen Schinken und starrte mit seinem einen Auge zu uns auf, mit einem runzligen, grinsenden Gesicht, das so grotesk war, dass es die wildesten Fantasien eines Karikaturisten nicht hätte ausmalen können. Da war ein hübscher kleiner Kerl mit rotem Fell auf der Brust wie eine Weste. Einige der Tiere legten sich, als sie die warmen Planken des Decks befühlten, in exakt menschlicher Haltung hin, legten den Kopf auf die ausgestreckten Arme und schlossen die Augen.

„ Bootsmann ", rief Mr. Prance, „bringen Sie die armen Tiere nach vorn und geben Sie ihnen Wasser und Nahrung. Schwingen Sie die Marssegelrah – die Spanner des Großmarssegels in Lee."

Nach wenigen Minuten war das Achterdeck wieder frei, ein Leichtmatrose wischte die nassen Stellen, die die Affen hinterlassen hatten, und das Schiff setzte ruhig seinen Kurs fort.

KAPITEL IX
EIN GEHEIMER SCHLAG

AUF See kann eine Kleinigkeit eine große Wirkung haben, und Sie werden annehmen, dass dieser Vorfall mit den Affen uns viel Gesprächsstoff und Staunen gab . Beim Essen an diesem Abend beglückte uns der alte Keeling mit einer langen Geschichte über ein französisches Schiff, das irgendwo vor den Scilly -Inseln mit vier Männern daran gekentert war: wie die Luft im Laderaum es über Wasser hielt; wie die Kerle in den Rumpf kletterten und mit dem Kopf auf dem Schiffsboden saßen; wie einer von ihnen mit aller Kraft versuchte, ein Brett herauszuschlagen, um zu sehen, ob Hilfe in der Nähe war, ohne zu ahnen, dass der Rumpf sinken würde, wenn er die Luft entweichen ließe; wie, ohne dass die elenden Gefangenen es wussten, ein Kutter auf das gekenterte Schiff zusteuerte und versuchte, es abzuschleppen, es jedoch aufgab, nachdem das Seil zwei- oder dreimal gerissen war; wie es schließlich auf einer der Scilly -Inseln strandete; und wie einer der Einwohner, der herunterkam, um sich das Wrack anzusehen, davonraste, als ob der Teufel hinter ihm her wäre, als er Stimmen im Schiff hörte.

Mr. Johnson flüsterte mir zu: „Das glaube ich *nicht* ", und Colonel Bannister hörte zu und blickte ungläubig auf das hochrote Gesicht des Kapitäns. Wir anderen aber waren höchst interessiert, besonders die älteren Damen, die hinter dem Rücken des alten Keeling von ihm als von einem „Liebling" sprachen.

Wir einigten uns darauf, die Affen von der Besatzung des Bootes zu kaufen, das sie gerettet hatte, und den Affen den Seeleuten als Haustier zu überlassen. Die Angelegenheit wurde bei diesem Abendessen besprochen , und ich hörte, wie Miss Temple Mr. Colledge bat , zu versuchen, den kleinen Affen mit der roten Weste für sie zu besorgen. Sie war die einzige der Damen , die einen Affen wollte.

„Möchten *Sie* eines, Miss Hudson?", sagte ich.

Sie schauderte auf die schönste Art und Weise.

„Oh, ich hasse Affen", rief sie. „Sie sind den Menschen so ähnlich, wissen Sie!"

„Dann müssen Sie nach jedem Gesetz der Logik", brüllte der Oberst mit lautem Lachen, „die Menschen noch mehr hassen, Madam. Verstehen Sie das nicht ? – ha! ha ! Warum hassen Sie Affen? Weil sie wie Menschen sind. Wie sehr müssen Sie dann die Menschen hassen, die Vorfahren der Affen!"

Er brüllte erneut vor Lachen. Tatsächlich gab es nie einen Mann, der seine eigenen geistreichen Ausbrüche mehr genoss als Colonel Bannister.

Miss Hudson errötete und fächelte sich Luft zu.

„Ich hasse Affen auch", rief Mr. Greenhew , „und zwar aus dem Grund, der Miss Hudson eine Abneigung gegen sie bereitet." Und dabei sah er den Colonel sehr streng an.

„Na ja, Mitgefühl macht uns sicherlich nicht *immer* freundlich", murmelte Mr. Riley laut und steckte sich lachend ein Glas ins Auge, um umherzublicken.

Hier sagte der Steward leise etwas zu Mr. Prance, der mich ansah und mit hohler, tragischer Stimme sagte: „Fünf der Affen sind gestorben, Sir."

Ich rief dem Kapitän die Neuigkeiten über den Tisch zu.

„Das tut mir leid, Mr. Dugdale ", antwortete er trocken, „aber Sie möchten doch nicht, dass ich eine Abonnentenliste für die Witwen eröffne, oder?"

„Kann irgendjemand sagen, ob der kleine Kerl mit der roten Weste tot ist?", rief Mr. Colledge .

„Tote Hand weg, Sir", rief der Cockney-Obersteward.

„Was ist von dem ganzen Haufen übrig geblieben?", erkundigte sich Keeling.

„Das ist der Kopf , Sir, und die beiden kleinen Kerle, die gerettet wurden, hatten ihre Schwänze vermutlich selbst halb aufgefressen", antwortete der Verwalter.

Mr. Johnson brach in Gelächter aus.

„Schwänze aufgefressen!", rief Mrs. Bannister und setzte eine goldene Brille auf ihre römische Nase, als sie den Kapitän ansprach. „Gibt es hier Haie?"

„Das würde ich nicht sagen, Madam", antwortete der Kapitän. „Das ist ein Trick, den Affen anwenden: Sie beißen sich in den eigenen Schwanz, so wie Menschen an ihren Fingernägeln kauen."

„Und wenn sie ihre Schwänze aufgefressen haben, Captain Keeling", sagte Mrs. Hudson in ziemlich vulgärem Tonfall, „machen sie dann mit dem Rest von sich weiter?"

„Ich glaube, sie werden nur dadurch behindert, Madam", sagte Keeling mit ernster Miene, „dass sie ab einer bestimmten Grenze feststellen, dass sie nicht mehr erreichbar sind."

„Ich mag Affen nicht", sagte Mrs. Joliffe zu Mr. Saunders, „aber ich könnte mir vorstellen, dass Naturphilosophen ihre Gewohnheiten und Vorlieben als sehr interessante Studienobjekte empfinden würden."

Der kleine Kerl bewegte sich unbehaglich auf seinem Stuhl und blickte kurz auf und ab, um zu sehen, ob jemand lächelte.

„Der Affe, der in seinem Schwanz frisst“, rief Mr. Emmett aus, „ist meiner Meinung nach ein sehr schönes Symbol.“

„Wovor?“, fragte Mr. Hodder.

„Von einem verschwenderischen jungen Mann, der sein ihm hinterlassenes Vermögen verschlingt“, antwortete Mr. Emmett.

„Sehr wahr, wirklich sehr gut!“, rief Mr. Adams, der Anwalt, lachend .

Der Tod der Affen machte den Plan, sie zu kaufen, zunichte. An den einäugigen Affen war nicht zu denken; und da man nun wusste, dass die Schwänze der anderen Überlebenden nur noch Stümpfe waren, wurde das Thema einstimmig fallengelassen und die drei armen Tiere den Matrosen überlassen, damit sie tun konnten, was sie wollten.

Als Zwischenfall hätte man diese Angelegenheit für den Tag gebrauchen können, so langweilig ist das Leben an Bord, wo man sich nur auf das Essen freuen kann. Doch an diesem Abend sollte noch etwas anderes passieren.

Zwei Glockenschläge – neun Uhr – waren ausgeführt worden. Die meisten Passagiere waren unten, denn es lag viel Tau in der Luft, zu viel für die dünnen Kleider der Damen, die man durch das Oberlicht in der Kajüte lesen und plaudern sah, mit einer Gruppe von Whist-Spielern am Tisch, Mr. Emmetts und Mr. Hodders Nasen dicht über einem Cribbage-Brett zusammen und Colledge beim Schach mit Miss Temple, Miss Hudson gegenüber, die ihren glänzenden Kopf auf ihren bis zum Ellbogen nackten Arm stützte, wahrlich ein makelloses Glied, und ihnen zusah. Bei Sonnenuntergang war die Brise aufgefrischt. Am Himmel stand ein Halbmond mit dem tropischen Glanz einer Scheibe, und in seinem Licht breitete sich der Ozean bis zu seinen Grenzen aus, mit einer Oberfläche, fest und dunkel wie poliertes Indigo, abgesehen davon, dass es unter dem Planeten ein langes, zitterndes Kielwasser gab und ein eisiges Funkeln in den östlichen Gewässern, über denen ein großer, wunderschöner Stern hing; Doch obwohl genügend Wind wehte, um ein fröhliches Plätschern im Meer zu erzeugen, war das Gefieder jeder kleinen Woge zu zart, um es zu bemerken, es sei denn, das weiße Wasser brach dicht aneinander und die Tiefe reichte bis zu den fernen Himmelskörpern und war ein mächtiger Schatten.

Der Kapitän war unten; Mr. Cocker war für das Deck zuständig, und ich begleitete ihn auf seinem Spaziergang. Er sprach von den Affen und wie die armen Kerle einer nach dem anderen im Vorschiff gestorben waren.

„Ich habe einen von ihnen sterben sehen", sagte er. „Bei meinem Leben, Mr.
Dugdale , es war, als würde man einen Menschen sterben sehen. Es wundert
mich nicht , dass Frauen diese Art von Tieren nicht mögen. Ich für meinen
Teil betrachte Affen als arme Verwandte."

„Worüber lachten die Männer, kurz nachdem wir vom Abendessen
hochgekommen waren?", fragte ich.

„Na, Sir, auf den kleinen John Chinaman. Der Affe war auf der Vorluke, mit
einem Stück Leine um seine Hüften festgebunden. Johnny ging hin, um ihn
sich anzusehen. Es war niemand in der Nähe – zumindest dachte er das. Er
starrte den Affen eindringlich an, der ihn mit einem Auge eifrig musterte,
und sagte dann: „Sagen Sie mal, woher Sie, he?" Der Affe schaute weiter.
„Oh, Sie können sprechen ", fuhr John fort, „ich frage Sie , woher Sie
können . Warum sprechen Sie nicht , he? Ich soll fragen, woher Sie? Woher
Sie?" Der Affe fing sich einen Floh. „Wie ist es gekommen, dass Sie
kenterten, he?", fragte der chinesische Verrückte so ernst, Mr. Dugdale , wie
die Leute sagen, als würde er Sie oder mich ansprechen. „ Sprich leise – wie
ist es gekommen, dass Sie kenterten, he?" Das ging, wie man mir erzählte,
zehn Minuten lang so, während die Männer sich zwischendurch auf
Zehenspitzen an die Kante des Vorschiffs heranschlichen und lauschten, bis
sie es nicht mehr aushielten. Und Sie hörten nur ihr brüllendes Gelächter,
Sir.'

„Das ist doch nur eine Scheinbekundung von Johnny, finden Sie nicht?",
sagte ich. „Er hätte vermuten können, dass die Männer zuhörten. Wäre er
ein Neger gewesen , jetzt. Aber ein Chinese wüsste ganz genau, dass ein Affe
nicht sprechen kann."

„Dieser John ist einer, der es nicht weiß, das schwöre ich. Außerdem, Sir,
sind die Chinesen nicht solche Genies, wie man sich vorstellt. Es gibt
Tausende unter ihnen, die mit unseren unwissenden, abergläubigen Bauern
zu Hause korrespondieren. Ich erinnere mich, dass in Chusan vier Chinesen
beauftragt wurden, ein Klavier aus der Kabine zu tragen. Während sie auf
dem Achterdeck damit rangen, riss mit einem lauten *Klirren* eine Saite ,
woraufhin sie das Instrument ablegten und davonliefen, während sie es aus
der Ferne mit Gesichtern voller Schrecken und Erstaunen betrachteten. Der
Maat rief, um zu erfahren, was sie damit meinten, ihre Arbeit fallen zu lassen.
„Er, Geist! Er , rede !", riefen sie; tatsächlich wollten sie nichts mehr mit dem
Klavier zu tun haben; und als einige der Mannschaft es aufhoben, um es zur
Gangway zu tragen, wichen die zitternden Johns rückwärts und wichen auf
das Vorschiff zurück, als wäre das Instrument ein Käfig mit einem wilden
Tier darin, das jeden Moment auf sie losgehen könnte."

Während er sprach, beobachtete ich einen Stern, der langsam vom Rand des
Großsegels nach Lee kroch, als ob er von selbst auf einem Kurs parallel zum

Horizont durch den Himmel fegte. Meine Aufmerksamkeit war auf das gerichtet , was mein Begleiter sagte, und mein Blick ruhte mechanisch auf dem Stern. Plötzlich dämmerte mir die Wahrheit, und ich zuckte zusammen.

„Warum, Mr. Cocker, was ist mit dem Schiff los? Fahren wir wieder nach Hause? Es kommt zu schnell näher! Sie werden in einer Minute alle Ihre Betäubungssegel wieder an Backbord setzen müssen.“

Er war zu sehr in unser Gespräch vertieft, um dies zu bemerken.

„Steuerrad da!“, rief er und rannte heulend nach achtern. „Was machen Sie mit dem Schiff? Steuerrad nach Backbord , Mann, Steuerrad nach Backbord !“

Ich folgte ihm hastig, um zu sehen, was los war . Das Steuerrad war verlassen, und als ich näher kam, sah ich, wie sich der Kreis vor den Sternen über der Heckreling drehte wie eine Windmühle im Sturm. Daneben lag auf dem Deck mit ausgestreckten Armen und dem Gesicht nach unten die Gestalt des Steuermanns.

„Er hat einen Anfall“, rief der zweite Maat, ergriff das Steuerrad und drehte es, um das Schiff wieder auf Kurs zu bringen.

Hier kam Kapitän Keeling eilig die Niedergangstreppe herauf.

„Wo ist der wachhabende Offizier?“, rief er.

„Hier, Sir“, antwortete Cocker vom Steuerrad aus.

„Wissen Sie, Sir“, rief der Kapitän, „dass Sie vier Punkte von Ihrem Kurs abgekommen sind?“

„Der Steuermann hat einen Anfall erlitten oder liegt tot hier, Sir“, antwortete der zweite Maat.

Der Kapitän sah, was los war, und brüllte, dass ein paar Leute nach achtern kommen sollten. Die Passagiere, die sich an Deck befanden, versammelten sich in Gruppen um das Steuerrad.

„Was ist das?“, rief der kleine Mr. Saunders und beugte sich dicht über den Kopf des liegenden Seemanns. „Blut, meine Herren!“, rief er. „Sehen Sie den großen Fleck hier! Dieser Mann wurde von einer Hand niedergestreckt.“

„Was ist das? Was ist das?“, rief der alte Keeling und beugte seine Brechstange über den Fleck. „Ja, er wurde niedergestreckt, wie Sie sagen, Mr. Saunders. Wer hat das getan? Sehen Sie sich um, Männer; sehen Sie nach, ob sich hier jemand versteckt.“

Drei oder vier Burschen waren nach achtern gestolpert. Einer übernahm das Steuer vom zweiten Maat, und die anderen begannen zusammen mit den

Fähnrichen der Wache, unter die Gitter und in das Gig zu spähen, das achtern bündig mit der Heckreling hing , und nach oben; aber es war nichts Lebendiges zu entdecken, und das große Gewebe der Besanmasten und Segel, das vom Mond bis zum Rand weiß gefärbt war, und die Rah, die sich als schwarze Linien vor den Sternen abzeichneten, schwebte ohne Flecken oder Bewegung, abgesehen von hier und da einem dünnen Schatten auf den blassen Tüchern, der sich bei der Bewegung der Spieren bewegte.

Dr. Hemmeridge traf nun ein. Der Seemann, der tot wie ein Stein aussah, wurde umgedreht und von ein paar Matrosen gestützt, und der Doktor konnte ihn mit Hilfe der Kompasslampe in Augenschein nehmen. Auf der linken Seite seines Kopfes war eine schreckliche Schnittwunde. Der kleine Strohhut, den der arme Kerl trug, war durchtrennt, als hätte er mit einem Hackmesser eingeschlagen. Auf dem Deck war viel Blut, und das Gesicht des Mannes war mit seinem blutroten und triefenden Bart so grässlich, dass einem das Herz schwer wurde .

„Ist er tot, glauben Sie?", fragte der Kapitän.

„Das kann ich noch nicht sagen", antwortete der Arzt. „Hebt ihn auf, Männer, und tragt ihn sofort zu seiner Koje."

Die Matrosen stolperten, gefolgt vom Arzt, schattenhaft unter ihrer Last am Achterdeck entlang und verschwanden. Eine kleine Gruppe von uns blieb am Steuer zurück, sprachlos vor Staunen, und blickte mit Augen umher, die im Licht der Flamme der Kompasslampe glänzten, die Mr. Cocker noch immer in der Hand hielt.

„Nun, *wie* ist das passiert?", fragte der alte Keeling, nachdem er lange nach oben geschielt hatte. „Haben Sie das Deck verlassen, Mr. Cocker?"

„Nein, Sir, nicht eine Sekunde lang. Mr. Dugdale wird das bezeugen."

„Es ist wahr", sagte ich.

„Ist kein Mann vom Vorschiff über das Achterdeck gekommen?"

„Nein, Sir, das schwöre ich ", antwortete Mr. Cocker.

„War einer von Ihnen, junge Herren, oben?", fragte Keeling die Fähnriche.

„Nein, Sir", antwortete einer von ihnen, „während der letzten halben Stunde weder oben noch achtern in der Besantakelung."

Der alte Kerl nahm Mr. Cocker die Lampe aus der Hand und schaute unter die Gitter, dann kletterte er darauf und starrte in das Gig, als sei er mit der früheren Inspektion dieser Verstecke unzufrieden.

„Ganz außergewöhnlich!", rief er aus. „Hat das irgendein Verrückter getan und ist dann über Bord gesprungen?"

Er blickte über die Seiten nach Backbord und Steuerbord. Die Seitengalerien waren klein, und die Hauptstützen waren mit kleinen Böcken versehen. Sie waren unbewohnt.

„Wie hieß der Mann, Mr. Cocker?"

„Simpson, Sir."

„War er ein unbeliebter Stürmer, wissen Sie das? Hatte er in letzter Zeit mit irgendwem Streit ?"

„Ich werde nachfragen, Sir."

Der alte Keeling schien so verwirrt wie jemand, der gerade aus einem Traum erwacht ist; und tatsächlich war es etwas Außergewöhnliches und Unglaubliches. Mr. Saunders und Mynheer Hemskirk und ein oder zwei andere, die sich zu diesem Zeitpunkt auf dem Deck befanden, schworen, dass kein Mann von der Vorschiffsseite nach achtern gekommen sei. Sie unterhielten sich in einer Gruppe etwas vor dem Besanmast und konnten schwören, dass sich zum Zeitpunkt des Vorfalls dort achtern kein Lebewesen befand, das den Mann retten konnte, der auf so mysteriöse Weise auf das Deck gefallen war.

„Er muss es selbst gemacht haben", sagte Hemskirk .

"Was? Hat er sich selbst einen Schlag versetzt, der seinen Hut durchbohrt und ihm den Schädel zertrümmert hat?", rief der alte Keeling.

„Ich habe mich erkundigt, Sir", sagte der zweite Maat und kam auf uns zu, „und habe herausgefunden, dass Simpson nicht unbeliebt, sondern allgemein beliebt war . Es war noch niemand achtern, Sir."

„Etwas muss aus der Takelage gefallen sein", sagte Mr. Saunders.

„Sir", rief der Kapitän mit einer Stimme, in der sich Zorn und Erstaunen mischten, „wenn etwas von oben fällt, dann fällt es senkrecht, Sir – nach oben und unten, Sir. Das Gesetz der Schwerkraft, Mr. Saunders, gilt auf See genauso wie an Land. Was könnte aus diesen Höhen dort oben fallen" – und hier drehte er den Kopf wie eine Henne beim Trinken – „und einen Mann treffen, der so weit weg am Steuer steht?"

Die Nachricht hatte sich unten herumgesprochen, und die Passagiere kamen zu zweit oder zu dritt aus der Kajüte herauf und stellten Fragen, wobei der lauteste und aufdringlichste von ihnen natürlich Colonel Bannister war. Die Damen waren beim Anblick des Blutflecks wirklich bestürzt. Ich werde das Bild dieses Achterdecks voller Menschen nicht so schnell vergessen: das Starren der Frauen auf den dunklen Fleck am Steuerrad, während sie sich in einer Art Rückwärtsbewegung verharrten und ihre Kleider zurückhielten, als ob etwas auf sie zukrabbelte; die gedämpfte, verwunderte Haltung der

Männer, die ruhelos umherschauten; einer ging zur Reling, um hinüberzuschauen, die dunkle Gestalt eines anderen bückte sich, um unter die Gitter zu spähen, ein dritter, der den Kopf zurücklegte und angestrengt den Blick auf die luftige, mit einem Königspavillon verzierte Spitze der Segel richtete, die sich vom Querbalken zur königlichen Rah erhob, wobei die Besanspitze klar und fest wie eine Tuschezeichnung vor der zart schimmernden Wölbung des Marssegels zu sehen war. Der Halbmond strahlte hell über der Großbramrah, und die dunkle Dünung rollte mit lautlosem Wogen nach achtern, während das Kielwasser des Planeten in Form eines silbernen Fächers bis zur Hälfte des Ozeans reichte und in den ganzen weiten, samtschwarzen Tiefen keine Wolke auch nur einen Daumennagel Sternenstaub verbarg.

„Was ist passiert, Dugdale ?", rief Colledge und sprach mich sofort an, als er mit Miss Temple an seiner Seite durch die Loggia aufstand.

„Ein Mann am Ruder wurde niedergeschlagen", sagte ich.

„Von wem?", fragte er.

„Das ist es", antwortete ich. „Niemand weiß es, und ich glaube nicht, dass es jemals jemand erfahren wird."

„Ist er tot?", fragte Miss Temple.

„Das kann ich nicht sagen", antwortete ich. „Sein Hut war zerschnitten und sein Kopf war aufgerissen. In der Nähe des Rades gibt es ein schreckliches Beispiel für das, was passiert ist."

„In welcher Form?", fragte sie.

„Blut!", sagte ich.

„Na, dann ist es *Mord*!", rief Colledge .

„Sieht ganz danach aus", sagte ich und warf einen Blick auf Miss Temples Gesicht, das im Mondlicht weiß wie Alabaster erschien, während in jedem glühenden dunklen Auge ein kleiner silberner Stern funkelte, der weitaus heller strahlte als das eisige Funkeln der Diamanten, das in ihren Ohren zitterte. „Aber was auch immer der Mörder sein mag, ich schwöre bei jedem Heiligen im Kalender, dass er nicht an Bord dieses Schiffes ist."

„Bitte erklären Sie es, Mr. Dugdale ", rief Miss Temple mit einer Stimme, die Neugier weckte und zugleich hochmütig und mürrisch war.

Ich gab keine Antwort.

„Mein lieber Freund, was wollen Sie damit sagen?", sagte Colledge . „Dass der Mann niedergeschlagen wurde – von jemandem im Freien?" Und sein Blick schweifte über das Meer.

„Meine Mission, Miss Temple", sagte ich mit einem halben Lachen, „scheint es zu sein, Sie über die Geschehnisse an Bord der *Gräfin Ida zu informieren* . Lassen Sie mich noch einmal das Privileg genießen, das Sie mir zuteil werden lassen . " Und damit erzählte ich ihr ganz nebenbei die Geschichte, wie Sie sie erzählt haben.

„Ist, glauben Sie, irgendjemand aus den hinteren Fenstern gekrochen", rief Colledge , „und über das Heck hochgekrochen und hat den Mann niedergestreckt?"

„Nein", sagte ich.

„Wie ist es dann passiert?", fragte Miss Temple gereizt.

„Na", antwortete ich und sah sie an, „der Schlag wurde zweifellos von einem Geist ausgeführt."

„ Herrgott , wie schrecklich!", rief Mrs. Hudson, die sich, ohne dass ich es wusste, an meinen Ellbogen gedrängt hatte, um zuzuhören. „Bei der Hitze und dem Anblick des Blutes!", rief sie und fächelte sich heftig Luft zu. „Ein Geist, sagten Sie, Sir? Oh, danach werde ich nie wieder auf dem Schiff schlafen können."

Ich schlich mich davon, denn die Aussicht, mit Mrs. Hudson zu plaudern, während Miss Temple in der Nähe war und uns zuhörte, gefiel mir nicht. In diesem Moment erschien Dr. Hemmeridge . Er ging auf den Kapitän zu, der mit der Hand das Niederholer des Besansegels umklammert hielt und auf die an ihn gerichteten Fragen kurze, fast barsche Antworten gab.

„Der Mann lebt, Sir", sagte der Arzt, „aber er ist schwer verletzt. Ich habe seine Wunde vernäht, aber es ist ein hässlicher Schnitt."

„Ist er bei Bewusstsein?", fragte Keeling.

'Er ist.'

„Und was sagt er?"

»Er hat nichts zu sagen, Sir. Wie soll er sich auch erinnern, Captain Keeling? Er fiel dem Schlag wie ein Ochse zu Boden.«

„Ha!" rief der Kapitän. „Aber erinnert er sich, dass sich jemand in seiner Nähe herumgetrieben hat? Hat er einen Verdacht?" –

„Sir", antwortete der Arzt, „im Augenblick ist sein Geist nur zur Hälfte geöffnet."

Ich schloss mich der Menge an, die sich versammelt hatte, um den Bericht des Arztes zu hören, und stand in der Nähe des Kompassständers – nahe genug, um meine Hand auf die Haube legen zu können. Mein Blick wanderte von dem hässlichen Fleck weg, der aussah, als würde er noch immer auf der weißen Planke in einem halben Meter Entfernung von mir heraussprudeln, als ich einen schwarzen Klumpen von etwas erblickte, der gerade in der Rundung der Basis des Kompassständers zwischen den Steuerbordbeinen hervorschaute. Er war im Nu verschwunden, als der Mondscheinstrahl, der ihn mir gezeigt hatte, von ihm abrutschte. Während ich dem Arzt weiter zuhörte, berührte ich das Ding fast mechanisch mit der Zehe und hob es dann, immer noch mechanisch, auf. Es war ein großer Stein, etwa in der Form eines Kamms, mit einer Biegung in der Mitte und einer glatten Oberfläche oben, aber rau und zerbrochen unten, mit einer Länge von etwa fünf Zoll, die zu einer Kante gezackt war, die so scharf war wie ein Feuersteinsplitter. Es war außerordentlich schwer und hätte aufgrund seiner Beschaffenheit einem Goldklumpen ähneln können .

„Hallo!", rief ich , „was haben wir denn da?" und hielt es an die Glasscheibe des Kompasshauses, um es im Lampenlicht zu betrachten.

„Was sehen Sie da, Mr. Dugdale ?", rief der alte Keeling.

„Nun", sagte ich, „für mich nicht mehr und nicht weniger als die Waffe, mit der Ihr Seemann niedergestreckt wurde, Kapitän."

Alle wollten es unbedingt ansehen. Keeling hielt es ins Mondlicht und balancierte es dann in seiner Hand.

„Wer könnte der Rüpel gewesen sein, der es gestohlen hat?", rief er.

„Lassen Sie mich es sehen", rief der kleine Mr. Saunders und arbeitete sich, tief unter uns, zum Kapitän vor. Er wog den Stein, roch daran, untersuchte ihn sorgfältig und blickte dann mit einem Grinsen, das sein großes, langes, eifriges, weises altes Gesicht von der Stirn bis zum Kinn runzelte, zum Kapitän auf. „Ein Verdacht", rief er, „der sich langsam in meinem Kopf breitgemacht hat, hat sich nun bestätigt. Keine sterbliche Hand hat dieses Geschoss gesteuert, Kapitän. Es kommt von den Engeln, Sir."

Er stoppte.

„ Herrgott noch mal, was wird der Mann als Nächstes sagen?", rief Mrs. Hudson hysterisch.

„Captain Keeling, meine Damen und Herren", fuhr der kleine Saunders fort und streichelte den Stein so zärtlich, als wäre er ein neugeborenes Baby, „dieser ist aus diesen unendlich glitzernden Höhen dort oben gefallen. Kurz gesagt, es ist ein Meteorolith , und, soweit ich es jetzt beurteilen kann, ein sehr schönes Exemplar davon."

Kapitel X.
Die Launen eines Indienfahrers

DAS Rätsel gelöst war, gingen die meisten Passagiere nach kurzem Herumlungern und Plaudern nach unten. Der kleine Saunders ging mit dem Meteoriten voran und der Kapitän schloss die Prozession ab, um sein Glas Grog auszutrinken. Er war beunruhigt, als er feststellte, dass das Schiff vom Kurs abgekommen war. Ich wechselte gerade ein paar Worte mit Mr. Cocker über diesen zweiten seltsamen Vorfall des Tages, als der Kerl am Steuerrad ausrief: „Verzeihung, Sir", und ich sah, wie er sich sehr unruhig von einem Bein auf das andere verlagerte und sich mit dem Arm über die Stirn fuhr, als ob er stark schwitzte.

„Was ist es?", fragte Mr. Cocker.

„Soll ich hier alleine stehen, Sir?", fragte der Kerl.

"Gewiss. Was? In einer so schönen Nacht wie dieser? Was willst du? Dass ich die Leute zum Ablösen rufe?", rief der zweite Maat.

Der Mann blickte mit einer Art duckmäuserischer Haltung zu den Sternen hinauf, bevor er antwortete.

„Einer dieser verdammten Bumerangs", sagte er, „könnte wiederkommen, Sir. Was soll ein Mann tun, wenn er nicht rechtzeitig von der Straße wegkommt?"

„ Es wird Ihnen nichts nützen, dass Sie einen Begleiter haben ", sagte der zweite Maat.

„Ich weiß nicht ", antwortete der Kerl. „Wer auch immer solche Dinger wirft, wird vielleicht innehalten, wenn er uns *beide sieht* ."

Der Zweite Maat stand da, sah ihn einen Moment an und brach dann in Gelächter aus.

„So, so!" sagte er. „Wenn es je ein Lot gibt, mit dem man die Tiefen der Unwissenheit des Vorschiffs ausloten kann, dann muss es, das gebe ich zu, genug Faden davon geben, um den Hörnern des Mondes ein Ende zu setzen."

Trotzdem rief er einem der Wachmänner zu, er solle nach achtern kommen und gemeinsam mit dem anderen das Steuer halten, wobei er, so nehme ich an, ein wenig Rücksicht auf die abergläubischen Gefühle des Matrosen nahm, die durch den Anblick des großen Blutflecks neben seinen Füßen sicherlich nicht gemildert werden konnten.

Ich ging nach unten, um mir ein Glas Brandy zu holen, und fand die Passagiere vor, die Mr. Saunders zuhörten, der, mit dem Meteorolithen vor sich, einen Vortrag über diese Art von Stein hielt, mit dem Finger darauf zeigte, sehr langsam und nachdrücklich sprach und auf seine wehmütige Art in die Gesichter seiner Zuhörer blickte. Sogar Miss Temple schien interessiert und stand mit dem Rücken zum Besanmast gelehnt da und hörte zu , dessen verzierter Stamm einen sehr edlen, phantasievollen Hintergrund für ihre schöne Figur bildete. Ich war jedoch eher in der Stimmung für eine Pfeife Tabak als für einen Vortrag und war bald wieder an Deck, denn nach halb zehn Uhr abends durften wir auf dem Achterdeck rauchen. Colledge gesellte sich bald zu mir, gähnte aber nach zwanzig Minuten herzhaft und ging dann zu Bett; und ich ging allein auf dem Deck auf und ab und genoss zutiefst die Stille, die aus der dunklen, funkelnden Ferne auf das Schiff drang – eine Stille der Ozeannacht, die für die Sinne noch verstärkt zu werden schien durch die marmorne Stille der breiten weißen Schwingen, die sich in einer Art Schimmer von Weiten zum schwachen, nebelartigen Quadrat des Hauptschiffs stahlen und aufstiegen. Über der Seite war ein leises Geräusch von zitternden und kräuselnden Wassern zu hören, und die Leine der Heckreling mit den beiden Kerlen am Steuerrad hob und senkte sich ganz sanft im schwarzen, geheimen Heben und Senken der langen Wellenbewegungen der Tiefsee. Die Kajütlampen waren gedimmt, das Innere verlassen; auf dem Achterdeck saß im Schatten der Schanzkleid eine kleine Gruppe von Rauchern, die sich leise unterhielten; achtern an der Besantakelung huschte die dunkle Gestalt des alten Keeling vorbei, der heraufgekommen war, um sich ein oder zwei Mal umzudrehen und ein letztes Mal das Wetter zu beäugen, bevor er sich schlafen legte.

Jemand kam durch die Niederflurluke heraus, sah sich kurz um und ging zur Leereling, wo ich stand.

„Sind Sie das, Dugdale ?“

„Ja“, sagte ich. „Was ist los, Greenhew ? Es ist Zeit, ins Bett zu gehen, oder?“

„Oh, sagen Sie mal, Dugdale “, rief der junge Mann atemlos aus, als ob ihn die Anstrengung, einen Anfall von Heiterkeit zu unterdrücken, fast erstickte, „unten in meiner Kabine ist so ein Spaß – Riley, wissen Sie“ – und hier lachte er laut auf.

„Was soll das?“, fragte ich.

„Ich möchte, dass Sie vorbeikommen und es sich ansehen“, antwortete er. „Ich habe es durch reinen Zufall herausgefunden. Himmel, was für ein Blödsinn! Und wenn ich mir nicht irgendeinen Vorwand einfallen lasse, Miss Hudson in die Kabine zu bringen, damit sie ihn sehen kann – – Nun, nun ! Aber kommen Sie trotzdem mit.“

„Aber, mein guter Freund, lassen Sie mich zunächst wissen, was ich zu sehen bekomme“, sagte ich. „Ich genieße die Stille und Kühle dieses Decks und meine Pfeife und“ –

Er unterbrach mich, während er vorsichtig um sich blickte.

„Du weißt natürlich, dass Riley die Koje unter mir hat?“, rief er mit bebender Stimme, als ob er jeden Moment in lautes Gelächter ausbrechen müsste. „Na ja, du kannst ihn machen lassen, was du willst, wenn er schläft.“

„Fahren Sie fort“, sagte ich. „Vielleicht verstehe ich Sie gleich.“

„Als ich in meine Kabine ging, um mich hinzulegen“, fuhr er fort, „fand ich ihn im Bett vor. Und da ich dachte, er sei wach, rief ich aus, nur so zum Spaß, wissen Sie: ,Pass auf, mein Freund! In einer Minute wird ein Meteorit durch meine Koje in deinen Kopf einschlagen – also pass auf, Riley!‘ In dem Moment, als ich das sagte, sprang er aus seinen Laken auf das Deck und stand da, geduckt, mit den Händen über dem Kopf, als wolle er ihn schützen. Seine Augen waren geschlossen , und ich nahm an, dass er den Narren spielte. ,Geh zurück ins Bett, Mann‘, sagte ich, ,du kannst mich nicht betrügen.‘ Er legte sich sofort wieder hin, und zwar auf eine Art, die mich überraschte, das versichere ich Ihnen, Dugdale , denn es war so gehorsam wie das Verhalten eines geschlagenen Hundes. Ich beobachtete ihn ein wenig, um zu sehen, ob er die Augen öffnete; aber er hielt sie geschlossen, und sein Atem bewies, dass er fest schlief. Ich dachte, ich würde es noch einmal mit ihm versuchen. ,Hi, Riley!‘, rief ich. „Hier ist Peter Hemskirk , der Sie aus Ihrer Koje holen will. Schützen Sie sich, sonst schleift er Sie in die Kajüte, so wie Sie angezogen sind, und Miss Hudson ist da, um Sie zu sehen.“ Augenblicklich ballte Dugdale – hier schlug er die Hände vor die Lippen, um einen Lachanfall zu unterdrücken – seine Fäuste und ließ sie in die Luft fliegen, wobei er die Kleider wegwarf, damit er mit den Beinen zuschlagen konnte; und so lag er da und plagte sich wie ein galvanisierter Frosch. So einen Anblick haben Sie noch nie gesehen. Kommen Sie herunter und sehen Sie ihn sich an.“

„Haben Sie so etwas schon einmal bei ihm bemerkt?“, sagte ich und klopfte die Asche aus meiner Pfeife.

„Nie zuvor“, antwortete er, „aber jetzt habe ich ihn an der Angel. Er hat versucht, mich vor Miss Hudson zum Narren zu halten, und dieser gesegnete Abend zeigt mir den Weg zu einer sehr netten Erwiderung. Kommen Sie mit , kommen Sie mit ! Sollte er aufwachen, kann es keine Aufführung geben.“

Er glitt mit Schlittschuhläuferschritten auf das Nebenschiff zu, und ich folgte ihm, wobei ich noch kaum wusste , ob der junge Kerl sich mit all dem nicht einen Streich ausdachte, dessen Opfer ich werden sollte. Wir gingen durch die verlassene Kajüte, die von einer schwach brennenden Laterne schwach erleuchtet wurde, und stiegen auf das Unterdeck hinab, wo der Gang zwischen den Kojen von einer Ochsenaugenlampe erhellt wurde, die unter einer Uhr an der Schottwand angebracht war . Die Kabine, die sich die jungen Männer teilten, lag drei Türen weiter als meine auf derselben Seite des Schiffes. Greenhew blieb einen Moment stehen, um zu lauschen, dann drehte er die Klinke, warf einen Blick hinein und winkte mir herein. An einem Pfosten war eine kleine Wandlampe befestigt, deren Schein auf Rileys Gesicht fiel, der auf dem Rücken in einer Unterkoje lag und unverkennbar tief schlief. Seine Augen waren geschlossen, seine Lippen geöffnet, und er atmete leise und tief, als ob er schwer schlummert. Die völlige Unordnung der Bettwäsche war , zumindest in einem Artikel, Bestätigung genug für Greenhews Geschichte.

„Probieren Sie es selbst aus", sagte mein Begleiter leise.

„Nein, nein", antwortete ich. „Ich habe die Ehrfurcht eines Seemanns vor dem Schlaf. Sie haben mich hierher eingeladen, um einer Vorstellung beizuwohnen. Es ist Ihre Aufgabe, das Stück zu inszenieren, Greenhew ."

Er rief sofort : „Riley! Riley! Das Schiff sinkt! Um Gottes Willen, schlag zu, sonst ertrinkst du!"

Ich war erstaunt, als ich sah, wie der junge Mann sich sofort auf die Knie erhob und seine Arme genau wie ein Schwimmer bewegte, dabei aber den Kopf senkte, um ihn von den Brettern der oberen Koje zu lösen, was ich wegen der Wahrnehmung der Umgebungsbedingungen, die es zeigte, als ebenso bemerkenswert empfand wie jeden anderen Teil der außergewöhnlichen Vorführung; seine Gesten hingegen zeigten, dass er völlig unter der Kontrolle der Wahnvorstellung stand, die der Schrei seines Kabinenkameraden hervorrief. Ich bemerkte auch einen Ausdruck extremen Leidens und Angst in seinem Gesicht, das sonst durch die geschlossenen Lider stumm wirkte. Tatsächlich war es der Ausdruck eines Schwimmers, der in Todesangst kämpfte. Greenhew sah zu und erstickte fast vor Lachen.

„Oh", stieß er in zusammenhanglosen Silben hervor, „wenn Miss Hudson ihn jetzt nur sehen könnte! Dugdale , Sie müssen mir einen Vorwand einfallen lassen, sie hier vorzustellen. Ihre Mutter muss auch kommen – je mehr, desto besser!" Und hier bekam er wieder einen Anfall, als ob er ersticken müsste.

Ich für meinen Teil konnte nichts erkennen, worüber man hätte lachen können. Tatsächlich schockierte und erstaunte mich die Sache als schmerzhafter, entwürdigender, mysteriöser Ausdruck des menschlichen Geistes, der unter Bedingungen handelte, die ich natürlich nicht verstehen konnte . Riley bewegte seine Arme noch einige Minuten lang mit den Bewegungen eines Schwimmers und atmete dabei schwer, als ob das Wasser bis zu seiner Lippe reichte, während sein Gesicht sich weiterhin zu einem unbeschreiblichen Ausdruck der Qual verzog. Seine Gestikulationen wurden dann schwach, sein Atem verlor seine Heftigkeit und Schnelligkeit und wurde wieder langgezogen und regelmäßig, und bald darauf legte er sich zurück, immer noch in tiefem Schlaf, in der Haltung, in der ich ihn beim Eintreten beobachtet hatte.

„Was halten Sie *davon* ?", rief Greenhew mit triumphierendem Vergnügen im Gesicht .

„Das ist ein jämmerlicher Trick, auf den ein Schläfer hereinfällt", sagte ich. „Ihre Show gefällt mir so wenig, Greenhew , dass ich sie nicht mehr sehen möchte."

„Ach, Unsinn!", rief er aus. „ Lasst ihn noch eine Weile Kapriolen reiten. Ich werde hier jeden Abend eine richtige Vorstellung geben. Das wird das Gesprächsthema auf dem ganzen Schiff sein, bei Gott!"

Während er diese Worte sprach, stieß Riley einen leisen Schrei aus, riss seine Augen weit auf uns herab, starrte uns einen Moment mit der Fassungslosigkeit eines Menschen an, der nicht bei allen Sinnen ist, setzte sich dann aufrecht hin und ließ seinen Blick über seine Bettwäsche gleiten.

„Was ist los?", rief er und sah uns an. „Wer war …"

Das Licht und der Ausdruck eines erfüllten Geistes traten in seine Augen. Er stellte seine Füße auf das Deck und stand auf.

„Habe ich mich im Schlaf lächerlich gemacht, Dugdale ?", sagte er. – Ich wusste nicht, was ich antworten sollte. – Er fuhr fort: „Ich kenne meine Schwäche. Ich habe oft genug davon gehört – in der Schule – von meiner Mutter – seitdem immer wieder , Dugdale . Greenhew hat Sie hierhergebracht, um mich zu beobachten. Und das bedeutet", rief er und wandte sich grimmig zu Greenhew um, „dass Sie im Schlaf Ihre Laune an mir ausgelassen haben und anstatt Mitleid mit einer schmerzhaften und demütigenden Schwäche zu haben, haben Sie" –

Sein Temperament würgte ihn. Er ballte die Faust und schlug seinem Freund Greenhew direkt zwischen die Augen. Der Beamte ging zu Boden wie eine Statue, die von ihrem Sockel gestoßen wurde; aber er war innerhalb einer Minute wieder auf den Beinen; und da es keinem von beiden an Mumm fehlte, ging es los! Jeder hätte sich vor Lachen totlachen können, als er Rileys sehr unzureichend bekleidete Gestalt mit den Gesten eines Kannibalen bei einem Festtanz um Greenhew herumtanzte und manövrierte , während er die ganze Zeit anmutig seine Fäuste in seinen Gegner rammte , der mit roter Nase und einem Auge, das sich bereits langsam schloss, wild zurückhämmerte. Ich warf mich zwischen sie, konnte aber kaum aufhören

zu lachen. Sie kämpften schweigend, zumindest was ihre Stimmen betraf;
doch die harten Schläge, die sie gegen die Schottwand versetzten, als sie sich
gegenseitig von einer Seite auf die andere schlugen , ganz zu schweigen
davon, dass sie häufig über Kisten kenterten und dass Gegenstände wie
Stiefel durch die Luft flogen, wenn sie mit ihren Zehen zufällig dagegen
stießen, all das hätte die Insassen der angrenzenden Kabinen durchaus zu
der Annahme verleiten können, dass es sich bei diesem Gerangel, wenn es
sich nicht um eine Flut von Menschen handelte, die von einem sinkenden
Schiff flüchteten, ganz sicher um eine verzweifelte Meuterei innerhalb der
Mannschaft handeln musste, die von der Unordnung eines Kampfes ums
Überleben begleitet war.

„Um Himmels Willen, hör auf damit!", schrie ich. „Stell dir vor, wie
verängstigt die Damen sein werden. Greenhew , hör auf damit, Mann. Riley,
leg dich wieder in deine Koje."

Dann ertönte ein heftiges Klopfen an der Kabinentür.

„Ist hier irgendjemand verrückt geworden?", brüllte Colonel Bannister in
den vertrauten Tönen, „oder wird hier ein Mord begangen?"

Er öffnete die Tür und sah hinein.

„ Was , in Gottes Namen, passiert da was?", grollte die tiefe Stimme von
Peter Hemskirk über die Schulter des Militärs.

In diesem Moment neigte sich das Schiff leicht, so dass der Holländer sein
Gewicht gegen den Oberst stemmte, was zur Folge hatte, dass der kleine
Soldat mit Mynheer auf den Fersen in die Kajüte geschossen wurde .

„Was ist das?", rief der Oberst.

„Ich werde es dir beibringen!", keuchte Riley.

„Hast du nicht genug?", rief Greenhew .

„ Trennt sie ! Trennt sie ! " , rief Hemskirk . „Seht, Leute , wie Mr. Greenhew
blutet."

„Was in aller Welt ist los?", rief jemand an der Tür.

Es war Mr. Emmett. Er zitterte und war sehr blass. Er hatte seinen tragischen
Umhang über die Schultern geworfen und sah mit seinen nackten Beinen
und den großen Pantoffeln an den Füßen wirklich lächerlich aus. Tatsächlich
waren zu diesem Zeitpunkt alle Passagiere alarmiert. Die Damen schauten
aus ihren Türen und riefen, die Männer eilten in den Gang, um nachzusehen,
und Mr. Prances Stimme war oben auf der Treppe zu hören, der
herunterbrüllte, um zu erfahren, was der Lärm zu bedeuten hatte. Das war
mehr, als ich ertragen konnte. Die Gestalten des Colonels und des

Holländers und Emmetts, ganz zu schweigen von Riley, waren zu der Absurdität des Kampfes einfach zu viel für mich. Ich warf einen Blick auf Greenhew , schoss durch die Tür, erreichte meine Kabine und warf mich in meine Koje, erschöpft vom Lachen und völlig unfähig, die zahllosen Fragen zu beantworten, die Colledge mir stellte.

Der Lärm hörte nach einer Weile auf, aber nicht bevor ich die stürmischen Töne des Kapitäns vor meiner Koje hörte . Ich konnte auch den Oberst hören, der sich in kräftigen Worten über eine so große Schandtat beschwerte, dass zwei junge Männer mitten in der Nacht in Hörweite von Damen kämpften . Der alte Kapitän bestand darauf, dass einer der jungen Männer die Kabine verließ und sich die Koje von Mr. Fairthorne teilte . Beide weigerten sich vehement, nachzugeben. Dann fragte der Kapitän, wer den ersten Schlag ausgeführt habe. Riley bejahte dies und wollte es gerade erklären, als der alte Keeling ihn zum Schweigen brachte, indem er sagte, er würde ihm fünf Minuten geben, sich in Mr. Fairthornes Koje zurückzuziehen, und wenn er bis dahin nicht weg sei, würde er nach dem Bootsmann und einem oder zwei Matrosen schicken, die ihm den Weg zeigen sollten. Damit war das Problem gelöst, wie man mir am nächsten Morgen erzählte , und der Rest der Nacht verlief ziemlich ruhig.

erschien Mr. Riley zum Frühstück. Als er mich sah , kam er zu meinem Platz und bat mich in wenigen Worten, den Grund des Streits nicht zu erklären, da er nicht wünsche, dass seine Besonderheit als Schläfer dem Rest von uns bekannt werde. Ich gab ihm mein Wort, bedauerte jedoch, dass er es verlangt hatte, da ich mit Saunders und Hemmeridge über die sehr außergewöhnlichen Erscheinungen sprechen wollte, deren Zeuge ich gewesen war. Glücklicherweise wurde mein Anteil an der Störung jedoch nicht erraten . Der Colonel, Hemskirk und die anderen dachten, dass ich wie sie durch den Lärm in die Koje der jungen Männer gelockt worden war , und deshalb wurden mir keine Fragen gestellt. Mr. Greenhew blieb drei Tage lang das Bett hüten. Die anderen dachten, er sei hauptsächlich geschmollt und habe sich beschämt . In Wahrheit war sein Auge nicht nur zugefallen, sondern auch so geschwollen und schwarz, dass er nicht mehr in der Öffentlichkeit auftreten konnte. Er schickte einen der Stewards los und ließ mich zu ihm kommen. aber ich hatte genug von Mr. Greenhew und schaffte es, dem Jungen aus dem Weg zu gehen, bis sein Kommen an Deck es unmöglich machte, ihm zu entkommen.

In der Woche nach dieser Angelegenheit geschah nichts Nennenswertes. Der Passatwind wehte mit einer so trägen Brise, wie sie nur je das Herz eines Schiffskapitäns quälen und seine Leidenschaften entflammen konnte. Es würde eine lange Überfahrt werden, sagten wir alle – sechs Monate, prophezeite Mr. Johnson – und der alte Keeling gab zu, dass er uns keine Hoffnung machen könne, bis wir den Äquator überquert hätten, wo uns die

Südostpassate mit einem kräftigen Sturm für diese Trägheit des Nordens entschädigen könnten.

Wenn jedoch das stumpfe Kriechen des Schiffes die Stimmung von uns, die wir achtern lebten, etwas gedrückt hielt, machten sich die Jacks vorn genug Spaß und waren bei einer zweiten Hundewache so lustig, wie man nur mit salzgehärteten Lungen ein Echo aus einem hohlen Marssegel herausholt. Unter ihnen waren ein paar ausgezeichnete Geiger, und diese Kerle setzten sich auf die Bäume und sahen mit gesenktem Kopf und zitternden Armen endlose Tanzmelodien aus dem Katgut. So manche halbe Stunde habe ich angenehm damit verbracht, den Scherzen auf dem Vorschiff zuzuschauen und zuzuhören . Das Quietschen der Geigen war die richtige Musik für das Schauspiel; die Jacks umarmten sich in Paaren liebevoll, glitten , wirbelten, hüpften, stapften mit vergnügten Gliedmaßen zwischen den Reling des Vorschiffs hin und her, ihre haarigen Gesichter grinsten einander über die Schultern hinweg zu; oder einer von ihnen betrat das Deck – die anderen zogen sich zurück, um Pfeife zu rauchen und zuzuschauen – und begannen einen edlen maritimen Shuffle – den wahren Tiefsee-Hornpipe – und tanzten ihn, wie ich finde, immer perfekt. An eine solche Szene kann ich mich beim Schreiben lebhaft erinnern: ein Teer von männlichen Proportionen, ein Stückchen hinter der Vorschiffsleiter, deutlich vom Achterdeck aus zu sehen, seine Schuhe funkelten, seine wallenden Segeltuchhosen zitterten, seine Arme waren verschränkt oder eine Hand war anmutig zum Kopf gebogen, sein Strohhut auf neun Haaren, sein Gesicht zwischen seinen breiten schwarzen Koteletten schimmerte in einem weinroten Farbton, seine kleinen Augen funkelten vor Freude über die Takte und der Schweiß tropfte ihm wie geröstete Erbsen von der Nase; hinter ihm eine Menge sturmgefärbter Gesichter, die ihn nachdenklich musterten, aufgeregt an den Dschunken nagten, die in ihrer Sympathie für die Tänzerin hoch erhoben waren, oder ihre Pfeifen mit der langsamen Bedächtigkeit eines Handelsmatrosen aus den Lippen zogen, um einen Kommentar zu den lebhaften Kapriolen auszuspucken und hervorzuknurren; rechts von ihm mittschiffs auf den Auslegern die beiden Geiger, die sich so fleißig wie möglich anstrengten und jeden Moment durch die Energie ihrer Bewegungen auf das Deck zu fallen drohten. Weit vorne ragten der große Bugspriet und die Klüverbäume hervor, die durch die lange Sprietsegelraa und die enorm dicke Ausrüstung aus Wanten und Spannseilen für das Auge riesig wirkten; hoch erhob sich die Leinwand am Vorschiff, die sich beim Aufsteigen in einen goldenen Schimmer verfärbte, während sie in der nach Westen ziehenden Pracht, die auf der Steuerbordseite den Himmel in Flammen setzte, gelb wurde. Oh! Es war ein überaus schöner Anblick, mit der Vergoldung der Seile durch den Sonnenuntergang bis hin zum Teint von Golddraht und einer langen Linie blutroten Strahlens, die vom Horizont zum Schiff hinabfloss und die glänzenden Seiten des Stoffes in ein funkelndes Scharlachrot verwandelte und in jedes Fenster einen purpurnen Stern der Pracht setzte , mit der Ausdehnung des dunkelblauen Meeres, das in langen Linien nach Osten strömte und in einem fließenden, sanften Violett hinter den blassen Flächen der weit überhängenden Leesegel hervorschaute.

In derselben Woche, über die ich schreibe , unternahm Mr. Colledge , möglicherweise inspiriert durch den Lärm der Geigen vorn und das Schauspiel der Back- Jinks , den Versuch, achtern einen Tanz zu veranstalten; aber ohne Erfolg. Einige der Mädchen schauten gespannt zu, als die Sache vorgeschlagen wurde; und sicherlich Colledges Das Programm war vielversprechend: Es gab ein weit ausgespanntes Sonnensegel als Decke für den Ballsaal; es gab jede Menge Flaggen, die zwischen Firstseil und Reling gespannt werden sollten, als Wand aus strahlenden Farben , durch die der Mond seinen zarten Dunst hindurchscheinen lassen würde, ohne das Licht der Laternen zu beeinträchtigen, die in einer Reihe auf beiden Seiten vorn und hinten aufgehängt werden sollten; es gab ein Klavier, das aus seiner Verankerung unten gehoben und an einem Teil des Decks befestigt werden sollte, wo sein Klingeln überall zu hören war. Es gab auch ein ruhiges Meer und ein Deck, dessen sanftes Wiegen nur als Impuls für die fröhlichen Umdrehungen des Walzers dienen konnte.

Colledge war von seinem Plan entzückt und trieb ihn gierig in die Tat um ; aber wie ich schon sagte, ohne Erfolg. Colonel Bannister schrie höhnisch, als er gefragt wurde, ob er tanzen wolle; Greenhews Augen waren noch nicht gesund, er war äußerst mürrisch und lungerte an abgeschiedenen Orten herum; Riley nannte Tanzen langweilig; Fairthorne beteuerte, er habe empfindliche Füße; der kleine Saunders schlug sich auf Colledges Frage an die Brust und sagte kläglich: „Wer will mit *mir* aufstehen ?" Kurz gesagt, jeder von uns achtern, außer Mr. Johnson und mir, lehnte es ab, aktiv an dem geplanten Ball teilzunehmen; und Colledge gab mit einem Gesicht voller Abscheu die Idee auf und schwor mir, er sei in seinem ganzen Leben noch nie einer solchen Horde Vogelscheuchen begegnet und wir hätten in puncto Fröhlichkeit und Kameradschaft mehr erreicht, wenn wir die Ladung Affen verschont und die Stelle unserer männlichen Passagiere eingenommen hätten.

So rollten wir etwas müde durch die Breitengrade des Atlantiks, von einem leichten Nordostwind über die gesamte Breite getrieben, unter einem blauen Himmel, in dessen Mitte die Sonne herrlich schien, und einem Nachthimmel aus luftigem Indigo, der von Meereslinie zu Meereslinie voller Sterne war. Die fliegenden Fische schossen von den kupfernen Seiten des Ostindienfahrers, aber abgesehen von ihnen und uns war der Ozean menschenleer; wir sahen kein Schiff; kein Vogel schwebte in unserer Nähe; nur einmal, als es auf Mitternacht zuging, hörte ich das Geräusch eines tiefen

Atemzugs von einem der Buge – das Geräusch eines Leviathans der Tiefe, der aus der dunklen Tiefe aufstieg, um seine Quelle unter den Sternen zu blasen; aber es war kein Schatten davon zu sehen, noch ein Brechen der weißen Wasser, das seine Nähe anzeigte . Es war nur ein einziger Seufzer, tief und feierlich, als hätte der alte Ozean ihn selbst aus seinem Herzen hervorgebracht, und die glitzernden Höhen schienen aus der bloßen Note davon ein tieferes Geheimnis zu ziehen.

KAPITEL XI
EIN SELTSAMES SEGEL

ES war Freitagmorgen. Als ich vor dem Frühstück an Deck ging, um im Bug des Schiffes ein Pumpbad zu nehmen, fand ich rundherum ein so merkwürdiges Wetter vor wie noch nie in meinem Leben. Eine unruhige Dünung, aber ohne große Höhe oder Kraft, kam aus Westen, und der Ostindienfahrer rollte unbeholfen darauf, mit viel Lärm von schlagenden Segeln und spannenden Masten. Das Wasser hatte einen trüben olivfarbenen Farbton und sah aus wie Schlamm, als hätte eine heftige Störung am Grund den Schlamm trüb an die Oberfläche gehoben. Es war schwer zu sagen, ob der Himmel blau oder schiefergrau war, so dicht, staubig und undurchdringlich war er, mit hier und da einem schwachen Wolkenumriss und sozusagen Flecken von einer Art gelblichem Blau, wo sich ein Bauch aus undeutlichem Dunst tiefer neigte als der Rest; während rund um das ganze Meer ein gewaltiger, schmutzig-rußiger Ring schwebte, der einer Rauchfahne ähnelte, die von den Schornsteinen der Dampfschiffe hinterlassen wird, und der in einer meilenlangen, braunen Wolke bei stillem, regungslosem Wetter am Rand der Gewässer des Ärmelkanals hing.

„Hallo, Mr. Smallridge ", sagte ich, als ich über die Reling aus dem Bug stieg und mich an den Bootsmann wandte, der die Arbeit einiger über den Bug gehängter Leute beaufsichtigte, „was haben wir dort?" Und ich richtete meinen Blick auf ein Segel, das ich jetzt zum ersten Mal erblickte und das etwa zwei oder drei Meilen entfernt über unserem Backbordheck schwebte.

„Eine Brigg, Sir, glaube ich", antwortete er. „Sie war bei Tagesanbruch ungefähr an derselben Stelle zu sehen. Es wehte ein wenig Wind, aber ich bezweifle, dass er nachlässt."

„Ich glaube, es macht Platz für etwas, das folgt?", sagte ich und blickte über den Horizont.

„Ja", antwortete er, „der Schlamm sammelt sich, und wenn meine Hühneraugen recht sprechen, wird es auch donnern. Ich hatte nie wieder so ein Ziehen in den Zehen wie heute Morgen, seit es letzten Donnerstag zwei Jahre her ist, als wir vor der Hope in das schlimmste Gewitter gerieten, an das ich mich südlich des Äquators erinnern kann . Wenn meine Hühneraugen anfangen zu zappeln, weiß ich immer, dass es nicht weit ist, wo es donnert."

„Nun, ob es donnert oder nicht", sagte ich, „ich hoffe, dass im Gefolge von all dem noch genügend Wind aufkommt, um uns durch die Gegend zu blasen. Wenn wir nicht aufpassen, werden wir noch sechzig Tage bis zur

Ziellinie haben „ Bootsmann “, und ich nickte ihm freundlich zu und ging in meine Kabine, um mich fertig anzuziehen.

Die düstere Erscheinung blieb den ganzen Morgen unverändert. Der Wind legte sich und eine ungeheure Stille lag über dem Meer, eine Stille, die die Vorstellungskraft absolut überwältigen konnte, wenn man sich darauf konzentrierte und zusah, wie die Dünung sich in hässlichen grünen Haufen ohne ein Geräusch bewegte. Geräusche waren merkwürdig deutlich zu hören. Die Stimme eines Mannes, der von den Salingen des Fockmastes aus das Vorschiff anrief, klang auf dem Achterdeck, als hätte er vom Großmars gerufen. Ein Lachen in der Nähe des Steuerrades hatte einen erschreckend nahen Ton, obwohl es einen über die gesamte Länge des Achterdecks erreichte. Das Wasser, das bis zu den Kanälen längsseits bis zur Bugkante des Rumpfes reichte, sandte einen seltsam hohlen, schluchzenden Ton in die Luft, als würde ein Monster längsseits erwürgen. Die Fallen waren losgelassen und die Segel hochgezogen und heruntergeholt worden, und die *Gräfin Ida* lag mit einem beinahe nackten Aussehen da, während sie mit der Schwerfälligkeit eines breitbäuchigen Schiffes unter Marssegeln und Vorkurs sowie dem gesamten Rest der quadratischen Segelfläche schaukelte, mit Ausnahme der Royals und des Besan-Toppsegels, die aufgerollt waren und durch den Griff der Ausrüstung festgebunden ein- und ausschwangen.

Gegen Mittag hatte sich das Segel, das mir am frühen Morgen aufgefallen war, unmerklich uns genähert, bis es wie zuvor etwas mehr als eine Meile vom Achterdeck entfernt hing. Ich hatte es mehrmals durch das Teleskop untersucht und war von seinem Aussehen nicht wenig beeindruckt . Es war eine Brigg von etwa zweihundertsechzig Tonnen, ein wunderschönes und perfektes Modell, mit einem klipperartigen Bug, einem messerscharfen Bug und einem langen, wunderbar anmutigen Bogen der Seite, der sich zur Perfektion eines Segels abrundete. Ihr Kupfer war hoch und sehr sauber, als käme es frisch aus dem Hafen. Ihre Masten waren für ihre Größe außergewöhnlich hoch und liefen beide in rasender Breite zu Himmelssegelmasten aus. aber sie hatte die gesamte Leinwand bis auf ihre beiden Marssegel und das Focksegel heruntergerollt und lag schwer schaukelnd da, wobei ihr symmetrisches Gewebe bis zur Höhe der Dünung gehoben wurde, und sich dann so deutlich von dem hässlichen, mürrischen Hintergrund abhob, dass ihre Takelage wie Haare aufblitzte, wenn sie von den Masttopps bis zu den Kanälen reichte, mit einem weißen, seltsamen, fast gespenstischen Glanz in ihrer Leinwand, die so glänzte wie Baumwolle; dann sank sie hinter eine mürrische, fast bläuliche Spitze, bis sie im Riffband ihres Vorsegels verborgen war .

Den ganzen Morgen über hatte ich beobachtet, wie Kapitän Keeling sie ziemlich unruhig musterte; das heißt, er warf ihr oft genug Blicke durch sein Fernglas zu, um zu vermuten, dass er etwas Ungewöhnliches, vielleicht

Beunruhigendes an ihrem Aussehen fand. Es war nichts zu sehen, obwohl der alte Kerl und seine beiden Kameraden mit Sextanten in der Hand auf dem Deck standen und gelegentlich ihre Augen zu dem Teil des Himmels hoben, wo die Sonne sein sollte. Als ich Mr. Prance an der Reling bemerkte, der die Brigg von der Seite aus unverwandt beobachtete, ging ich zu ihm.

„Bitte, Mr. Prance, was finden Sie an dem Boot dort drüben, das Sie interessiert? Der Kapitän scheint sein Glas nicht von ihr abwenden zu können.“

„Was sehen *Sie*, Mr. Dugdale ?“, antwortete er und betrachtete mich aus den Augenwinkeln, ohne den Kopf zu wenden. „Kommen Sie, Sie waren Seemann. Was halten *Sie* von ihr?“

„Sie ist jedenfalls eine Schönheit“, antwortete ich; „keine Werft hat je etwas Schöneres in der Form eines Rumpfes hervorgebracht – vielleicht ein bisschen zu hoch. Ich für meinen Teil hasse alles, was über Royals hinausgeht. Geben Sie mir kurze Mastspitzen, die Royal-Rah sitzt dicht unter der Reede, wie bei englischen Fregatten“ – ich fuhr fort.

„Nein, nein, das meine ich nicht, Mr. Dugdale “, unterbrach er mich mit einem Anflug von Ungeduld eines Seemanns angesichts meiner Kritik.

„Was dann?“, fragte ich.

„Sieht sie ehrlich aus, meinen Sie?“, sagte er.

„Ha!“ rief ich. „Jetzt verstehe ich.“

„Pst! Kein Wort, bitte“, rief er und warf einen Blick auf das Achterdeck. „Die Damen dürfen auf keinen Fall erschreckt werden, und Kapitän Keeling hegt bestenfalls einen bloßen Verdacht. Aber er hat einige Bekanntschaft mit Adeligen ihrer Art gemacht, wenn der Kerl dort tatsächlich der Konfession angehört, die er vermutet.“

„Sie muss sich heimlich an uns herangeschlichen haben“, rief ich aus, „um ihre gegenwärtige Position einzunehmen, sonst müsste sie eine Meile weit draußen auf dem Deck liegen. Aber ein solcher Rumpf muss doch einer Katzenpfote nachgeben, die nicht einmal eine Feder aus dem Besanmast *der Gräfin Ida* blasen würde . Was hat man gesehen, das Bedenken erregt, Mr. Prance?“

„Zu viele Besatzungsmitglieder, Sir“, antwortete er. „Auf dem Vorschiff ist der Umriss eines Langboots zu erkennen, aber durch die darüber geworfene Lotterie kaum verborgen . Sechs Kanonen auf jeder Seite, Mr. Dugdale , obwohl die geschlossenen Luken ihr Grinsen verbergen.“

„Mit einem großen Kerl wie uns wird sie doch sicher nichts anstellen.“

In diesem Moment rief ihn der Kapitän und er ging nach achtern.

Plötzlich wurde es merklich dunkler, als ob eine dickere Dunstschicht durch das Herz der Dunkelheit dort oben kroch. Das Meer nahm eine ölartige Glätte an und lief in Falten wie flüssiges flaschengrünes Glas aus dem schmutzigen Schatten, der sich langsam rund um die Meeresgrenze verdichtete. Es wurde der Befehl gegeben, die eingerollten Segel einzurollen und die Marssegel zu reffen. Die Pfeife des Bootsmanns rief alle Mann zu dieser Arbeit zusammen und eine Zeit lang war das Schiff voller Leben und Aufregung. Inzwischen war jedoch das Geheimnis von Keelings Unbehagen irgendwie ans Licht gekommen; tatsächlich hätte der Kapitän die Leute nicht länger über seine Verdächtigungen im Unklaren lassen können; etwa zehn Minuten bevor die Mittagsglocke läutete, wurde, nachdem die Mannschaft von oben heruntergekommen war, in aller Stille der Befehl weitergegeben, für Freigabe zum Gefecht zu sorgen ; und als ich meinen Platz am Tisch einnahm, der nahe an der Vorderseite der Kajüte war, und da mein Stuhl mir durch die offenen Fenster eine klare Sicht auf das Achterdeck ermöglichte, konnte ich die Männer beobachten, wie sie unsere kleine Carronaden-Show vorbereiteten, die Tompions entfernten, Rammen , Schwämme, Takelwerke und dergleichen bereitlegten und Kugeln und Kisten mit Handfeuerwaffen durch die Hauptluke reichten.

Kapitän Keeling, steif und wie üblich in seinem Gehrock mit Messingknöpfen aufgepolstert, sein Gesicht von einer kürzlichen Berührung mit Seife und Handtuch noch rötlicher, setzte sich ans Kopfende des Tisches; aber Prance und die anderen Maaten blieben an Deck. Man bemerkte eine Menge Unbehagen unter den Damen , mit Ausnahme von Miss Temple, deren hochmütiges, schönes Gesicht seinen üblichen teilnahmslosen Ausdruck trug. In den erschrockenen Augen, die Miss Hudson herumrollte, war keine Koketterie zu erkennen. Mrs. Bannister fächelte sich heftig Luft zu und aß nichts. Es gab auch einige von uns Männern, die aussahen, als ob es uns nicht gefiel . Mr. Emmett war äußerst nachdenklich; Mr. Fairthorne trank durstig und zupfte unaufhörlich an seinem kleinen, sprießenden Schnurrbart; Mr. Hodder beobachtete den alten Keeling ununterbrochen; und Mr. Riley machte sich viel Mühe mit seinem Augenglas. Eine Weile lang wurde nichts Wesentliches gesagt ; dann klopfte der Oberst los:

„Ich sage Ihnen, Captain, haben Sie irgendeine Ahnung, welche Nationalität der Kerl hat, den Ihre Leute zum Widerstand antreten lassen?“

„Nein, Sir“, antwortete Keeling steif. „Wir haben ihr heute Morgen unsere Flagge gezeigt, aber sie hat im Gegenzug keine Farben gezeigt , und ich bin nicht der Mann, der vor jemandem den Hut zieht, der nicht reagiert.“

„Dot iss my vay ", rief Peter Hemskirk und nickte dem Kapitän mehrfach zu.

Dame mittleren Alters mit sanftem Gesicht und weichem, weißem Haar, „haben Sie einen guten Grund für die Annahme, dass das Schiff für uns gefährlich werden könnte?"

„Madam", antwortete Keeling mit einer Verbeugung, und man konnte die Stimmung unter uns daran erkennen, wie nervös wir die Ohren nach dem alten Kerl neigten, um zu verstehen, was er sagte, „es gibt Grund zu der Annahme, dass gewisse Spanier von der Insel Kuba zwei oder drei schicke Schiffe ausgerüstet haben, um als Seeräuber aufzutreten. Die Behörden ignorieren das, wie man mir sagte . Ihre Praxis besteht darin, Schiffe dorthin zu bringen, sie zu entern und das Beste zu plündern, was sie finden können. Letztes Jahr hat ein Westindienfahrer namens *Jamaica Belle* wurde von einem dieser Schiffe überholt , wobei Münzen im Wert von zwölftausend Pfund aus ihr herausgeholt wurden. Ich glaube nicht, dass es sich um Halsabschneider im alten Piratensinn handelt.'

„Oh, reden Sie nicht von Halsabschneidern!", rief Mrs. Hudson. „Werden sie es wagen, uns anzugreifen – die Monster!"

„Meine Damen und Herren", sagte Keeling, „bitte verstehen Sie mich richtig: mein Verdacht gegenüber dem Fremden ist möglicherweise unbegründet. In der Zwischenzeit besteht unsere Aufgabe darin, uns in eine Verteidigungshaltung zu begeben und auf alles vorbereitet zu sein, was passieren könnte."

„Gewiss", rief der Oberst mit Nachdruck und blickte sich um. Dann wandte er sich Mr. Johnson zu, wobei er seine Augen fest auf ihn richtete. „Ich nehme an, wir können darauf zählen, dass alle unsere hier versammelten männlichen Freunde Ihrer Mannschaft nach besten Kräften beistehen werden, sollte der Fremde einen Angriff auf dieses Schiff unternehmen?"

„Wir erwarten von Ihnen, dass Sie sich mit Ruhm bedecken, Colonel", sagte Mr. Johnson in bekannt sarkastischem Tonfall. „Und ich werde gern eine ausführliche Beschreibung Ihres Verhaltens schreiben und drucken , Sir."

„Ich bin durchaus bereit zu kämpfen", rief Mr. Fairthorne mit femininer Stimme. „Ich meine, ich werde gern kämpfen , aber ich bin kein Schwertkämpfer ."

' Possengers how keine Bienen zu vight ,' rief Mynheer Hemskirk vergrößerte seine riesige Weste, indem er seine Brust hervorstreckte. „ Sie gehen auf ihre Art und Weise vor , wie sie es für richtig erachten . "

Miss Temple biss sich auf die Lippe, um ein Lächeln zu verbergen.

„Das ist ja alles schön und gut", rief Riley und sprach Miss Hudson an. „Aber nehmen wir an, Hemskirk , Sie würden einen schmierigen Spanier mit Ohrringen und öligen Locken dabei erwischen, wie er Ihre Kisten durchwühlt, Ihnen Ihr ganzes Geld wegnimmt und Ihre schöne, silbergefasste Meerschaumpfeife einsteckt" –

„Ich würde mir den Kopf zerbrechen " , antwortete der Holländer schwer atmend.

„Meine Herren, Sie beunruhigen die Damen unnötig", rief der alte Marlin-Spike vom Kopfende des Tisches.

„Ich nehme an, es mangelt Ihnen nicht an Kleinwaffen, Captain?", brüllte der Colonel . „Genug für uns hier und auch für Ihre Männer?"

„Ich werde darauf bestehen, dass du dich nicht einmischst, Edward, was auch immer geschehen mag", rief seine Frau und nickte ihm mit ihrer römischen Nase über den Rand ihres Fächers hinweg nachdrücklich zu.

„Dann werde ich mich einmischen, meine Liebe", rief er. „Wenn diese Schurken uns angreifen, werde ich kämpfen, wie wir es natürlich alle tun werden", und wieder richtete er seine kleinen feurigen Augen auf Mr. Johnson.

„Mein Notizbuch ist fertig, Colonel", sagte Mr. Johnson freundlich und grinste den kleinen, gereizten Soldaten satirisch an. „Ich werde Sie nicht aus den Augen verlieren, Sir."

„Ich glaube, das werden Sie, Sir", höhnte der Colonel, „es sei denn, Kapitän Keeling ergreift vorsorglich die Luken, um zu verhindern, dass sich jemand von außerhalb des Decks unter Deck schleicht."

„Bloßes Getöse hilft uns nicht weiter", sagte Colledge , der den Colonel nicht leiden konnte. „Es hat keinen Sinn, eine Stunde lang wie Helden zu schimpfen und zu toben und dann in Blankversen zu versinken. Wenn Captain Keeling Hilfe braucht, die nicht von seiner Mannschaft kommt, kann er sie mir befehlen."

„Ich habe nie etwas gelernt ", sagte Mr. Fairthorne . „Wenn ich kämpfe, dann unbedingt mit einem Mann ."

„Wenn das Schiff gekapert wird, was soll dann aus uns werden?", rief Mrs. Hudson. „Ich habe die grausamsten Geschichten über Piraten gelesen. Sie haben keinen Respekt vor Geschlecht oder Alter und es ist ganz normal, so habe ich gehört, dass jeder Pirat zwölf Frauen hat."

Hier schrie Mrs. Trevor plötzlich, dass jemand ihr Baby bringen solle, dann geriet sie in Hysterie und wurde kurz darauf von den Stewards ohnmächtig weggetragen, gefolgt von ihrer bitterlich weinenden Tochter. Old Keeling stieß einen Fluch aus.

„Nun, meine Herren", rief er aus, „sehen Sie, was Ihr Gespräch bewirkt hat. Meine Damen, ich bitte Sie, seien Sie unbesorgt . Der Fremde wird uns keine Schwierigkeiten bereiten, da bin ich überzeugt." Und er stand mit einem Blick der Verachtung auf, verbeugte sich steif vor Miss Temple und ihrer Tante und ging an Deck.

Ich war zu neugierig, um zu beobachten, was vor sich ging, als dass ich in der Kajüte verweilen konnte, während dieses müßige Geplapper der Zungen ertönte. Da unser Schiff keine Steueranlage hatte, hatte es sich im Takt der Dünung gedreht, und die Brigg lag jetzt vor dem Steuerbordbug, ziemlich weit weg, so weit weg wie damals, als wir zum Mittagessen gingen, aber sie zeichnete sich mit erstaunlicher Klarheit gegen den rußigen Himmel hinter ihr ab, dessen Marssegel so heftig von Seite zu Seite schwangen, dass die unteren Rahsegel zeitweise das Wasser aufzuspießen schienen, das sich in Hügeln zu ihnen erhob. Über und hinter ihr lag ein tiefer Schatten des Donners, ein Himmel, der sich bis zum Zenit finster erstreckte, als ob man ihn durch einen Staubsturm betrachten würde, mit einer Vision der büscheligen Wolken des elektrischen Unwetters, die hier und dort schwebten; aber noch zuckte kein Blitz, kein Echo eines fernen Grollens; kein Lüftchen kühlte die feuchte Lippe und das lautlose Heben und Senken der Dünung war, als ob der alte Ozean in einer Haltung stummer Erwartung schwer atmend dalag.

Unsere Mannschaft hing in Gruppen auf den Decks herum und war bereit, auf das erste Kommando zu eilen. In die Reling waren Eisenpfosten eingelassen und Enternetze spannten sich über die gesamte Länge des Schiffes von der Focktakelung bis zur Heckreling. Achtern war an jedem Geschütz eine kleine Gruppe von Matrosen postiert, die alle notwendigen Maschinen für die Artillerie zur Hand hatten. Der Kapitän, der Erste Offizier und Mr. Cocker standen neben dem Steuerrad und betrachteten die Brigg, wobei sie ab und zu einen Blick auf das Meer und das Wetter warfen. Ich trat zur Seite, um mir die Fremde noch einmal anzusehen, und bemerkte mit Bewunderung ihre spielzeugartige Schönheit, als sie mit ihrer rötlichen Hülle auf die Spitze einer Dünung aufstieg, wobei hin und wieder ein äußerst zartes Echo des Klatschens und Schlagens ihrer Segel durch die dunkle, atemlose Atmosphäre zu uns drang , als ich von jemandem neben mir angesprochen wurde .

„Halten Sie es für möglich, Mr. Dugdale , dass dieses Schiff, wenn es auf unser Schiff schießen würde, uns treffen könnte, da es so heftig rollt?"

Ich drehte mich um. Es war Mrs. Radcliffe, und bei ihr war Miss Temple. Mit Ausnahme eines „Guten Morgens" oder „Gute Nacht" hatte ich in der ganzen Zeit, die wir beide an Bord verbracht hatten, kein einziges Wort mit dieser Dame gewechselt. Ihr freundliches kleines Gesicht flatterte ruckartig zu mir, als sie die Frage stellte, und zwar auf eine Art, die an die Bewegungen des Kopfes einer Henne erinnerte. Miss Temple stand wie eine Statue da und schwankte in der majestätischen Senkrechten ihrer Gestalt auf dem schwankenden Deck, ohne die geringste sichtbare Anstrengung, das Gleichgewicht zu halten, und ihre dunklen, glänzenden Augen waren auf das Schiff gerichtet.

„Ihre Kanonenschützen“, sagte ich, „müssen erfahrene Scharfschützen sein, würde ich sagen, um uns von einer so schwankenden Plattform wie der dort drüben aus zu treffen.“

„Das ist nur meine Meinung, wie ich dir gesagt habe, Louise“, rief sie aus.

„Wenn sie anfangen würde zu schießen“, rief das Mädchen und hielt den Blick weiterhin seewärts gerichtet, „würde sie uns bestimmt treffen, auch wenn es nur Zufall wäre.“

„Sehr gut möglich“, sagte ich.

„Ich glaube, es wird bald windig sein, Sie nicht auch?“, sagte Mrs. Radcliffe.

„Das hoffe ich“, antwortete ich.

„In diesem Fall“, sagte sie, „können wir doch wegsegeln und entkommen, oder?“

„Sie wird uns verfolgen“, rief Miss Temple, „und da sie schneller segelt als wir, wird sie uns einholen!“

„Na, ist das denn wahrscheinlich?“, rief Mrs. Radcliffe und warf nervös ihren Kopf in meine Richtung.

„Auf See ist alles möglich“, sagte ich lachend. „Aber es gibt einen Deal zu unseren Gunsten , Mrs. Radcliffe: Erstens das Wetter, das den Kerl im Moment sowieso so gut wie außer Gefecht setzt. Dann die hereinbrechende Nacht und die große Gefahr, dass die Brigg in der Dunkelheit verloren geht.“

„Würden Sie dafür eintreten, dass wir vor ihm davonlaufen?“, rief Miss Temple und sah mich mit einer Intensität und Entschiedenheit an, die auf ihre Art ebenso peinlich und ärgerlich war wie ein unverschämter Blick.

„Oh ja“, sagte ich , „natürlich. Wir sind friedliche Handelsleute. Es ist unsere Aufgabe, gesund und munter in Indien anzukommen.“

„Ich sollte bedenken“, sagte sie und sah mich an, als wolle sie mich durch einen eindringlichen Blick dazu bringen, alles zu akzeptieren, was sie sagen wollte, „dass Kapitän Keeling sich wie ein Feigling benehmen würde, wenn er von diesem kleinen Schiff wegliefe.“

„Oh, Louise, wie kannst du so reden!", rief Mrs. Radcliffe und warf verzweifelt die Hände in die Luft.

„Ich würde gern einen Kampf zwischen zwei Schiffen sehen", sagte das Mädchen und wandte ihren anmaßenden Blick von meinem Gesicht ab, um ihn über das Deck zu den Männergruppen zu schicken. „Wenn uns dieses Schiff angreift, werden wir Damen natürlich nach unten geschickt, um die Kabine bei jeder Breitseite mit unseren Schreien zu zerreißen; aber ich für meinen Teil bin durchaus bereit, mit Zustimmung des Kapitäns durch ein Bullauge auf diese Leute zu schießen."

„Oh, Louise, die Launen, die dich beherrschen, sind wirklich furchtbar!", rief Mrs. Radcliffe. „Stell dir vor, du würdest auch nur einen Mann verletzen! Du wärst dein Leben lang unglücklich und würdest vielleicht am Ende Katholikin werden und in ein Kloster gehen. Denk mal darüber nach."

Miss Temple sah ihre Tante mit leicht verzogenen Lippen an.

„Ich weiß nicht", rief sie aus, „warum es für eine Frau schrecklicher sein sollte, ihr Leben zu verteidigen, als für einen Mann. Ich nehme an, niemand möchte diesen Leuten wehtun; aber wenn sie versuchen, uns wehzutun, warum sollten wir Frauen dann schockiert sein bei dem Gedanken, den Matrosen mit allen uns zur Verfügung stehenden Mitteln zu helfen, das Schiff zu schützen? Ich bin wie Mr. Fairthorne ", fuhr sie mit einem sarkastischen Blick auf mich fort; „ich könnte nicht mit einem Schwert kämpfen, aber ich kann sicherlich den Abzug einer Muskete betätigen."

„Das ist wirklich nicht gerade damenhaft, meine Liebe", begann Mrs. Radcliffe.

„Unsinn, Tante! Wie eine Dame! Ist es vornehmer, hysterisch zu werden und in Ohnmacht zu fallen, als auf einen Schurken zu zielen, der einem das Leben nehmen will, wenn man ihm nicht seines nimmt?" Und während sie das sagte, riss sie ihrer Tante einen Baumwollschirm aus der Hand, legte ihn sich an die Schulter, als wäre es ein Gewehr, und richtete ihn auf das Gefängnis.

Colledge , der ein Stückchen entfernt stand und mit zwei oder drei Passagieren sprach, klatschte in die Hände und lachte laut. Ich für meinen Teil konnte meine Augen nicht von ihr abwenden, so faszinierend war die Schönheit ihrer schönen Gestalt in dieser Haltung, ihr Kopf gesenkt in der Haltung eines Schützen und ihr marmorähnliches Profil, das sich klar wie ein Elfenbeinschnitt gegen die weiche, schattige Masse der Düsternis des Himmels achtern abzeichnete.

Mrs. Radcliffe warf wieder in einer verzweifelten Geste ihre Arme um sich und pickte mit dem Gesicht sozusagen nach den Männergruppen auf dem Achterdeck und der Mittellinie. Dann griff sie aufgeregt nach ihrem

Regenschirm, hakte sich bei ihrer Nichte unter und rief: „Hilf mir, die Kajüte zu erreichen, meine Liebe. Es zieht bestimmt ein Gewitter auf, und ich habe Angst vor Blitzen." Sie machte einen kleinen, schaurigen Knicks für mich und ging mit Miss Temple zur Kajüte, die die beiden hinuntergingen, gefolgt von Mr. Colledge , den ich Miss Temple zu ihrer Entschlossenheit gratulieren hören konnte, gegen den Feind zu kämpfen, falls der Fremde sich als einer erweisen sollte.

Ein paar Minuten später kamen Mr. Emmett und Mr. Johnson auf mich zu. Sie stießen wie zwei Feuerzeuge auf dem Seeweg gegeneinander und schlugen mit ihren taumelnden Beinen auf dem schwankenden Deck auf.

„Ich sage, Dugdale ", rief der Journalist, „werden Sie kämpfen?"

„Ja, natürlich", antwortete ich. „Von uns allen wird erwartet, dass wir der Mannschaft helfen."

„Das sehe ich nicht ein!", rief Mr. Emmett, zog sein Gesicht bis zur Nase herunter und verschränkte die Arme mit einer tragischen Geste vor der Brust, während er sich auf weit gestreckten Beinen von einer Seite auf die andere wiegte. „Das ist alles sehr schön zu erwarten; aber ich stimme mit Johnson überein, der argumentiert, dass wir unser Geld bezahlt haben, um sicher nach Bombay transportiert zu werden; und ich kann beim besten Willen nicht erkennen, dass der Kapitän das Recht hat, unsere Mitarbeit zu erwarten, es sei denn, er schafft es so, dass wir ihm helfen können, ohne unser Leben zu gefährden ."

„Aber der Kerl dort drüben steckt vielleicht voller Rüpel, Emmett", sagte ich. „Und wenn Sie unseren Matrosen nicht helfen, die *Gräfin Ida zu verteidigen* , entern sie uns vielleicht. Und dann schneiden sie Ihnen die Kehle durch", fügte ich mit einem Blick auf seinen langen Hals hinzu. „Das ist kein sehr angenehmes Gefühl, glaube ich, und eine Erfahrung, der man mit einer Prise Heldenmut entgehen kann."

„Das ist insgesamt eine scheußliche Angelegenheit", sagte er und rümpfte die Nase, während er auf das Gefängnis starrte.

„Aber warum sollten sie an Bord gehen?", rief Mr. Johnson. „Wenn sie es tun, ist es die Schuld des Kapitäns. Warum will er *hier festsitzen, wo* wir doch, bei Gott, ein Kriegsschiff mit drei Decks voller Kanonen und bis zum Ersticken vollgestopft mit Männern sind?"

„Es gibt keinen Wind", sagte ich, „und ohne Wind können Schiffe nicht segeln, Johnson."

„Warum zum Teufel lässt er dann nicht alle Boote zu Wasser", rief er, „und füllt sie mit Matrosen und zieht das Schiff außer Sichtweite dieses Ungetüms dort?"

Ich musste laut lachen.

„Nun, ich bediene mich normalerweise nicht derbe Ausdrücke“, sagte Mr. Emmett und blickte finster auf die Brigg, „aber verflucht sei ich, wenn ich kämpfen werde. Ich behaupte einfach, ich habe mein Geld dafür bezahlt, friedlich nach Indien transportiert zu werden, und“, fügte er hinzu und warf einen Blick nach achtern auf den alten Keeling, der in den Himmel starrte, als wolle er beobachten, ob der Dunst dort oben irgendwelche Driften aufwies , „wenn er seine Verpflichtung nicht erfüllt, werde ich ihn oder seine Eigentümer wegen Vertragsbruch verklagen.“

„Ich bin kein Seemann“, rief Mr. Johnson, „aber ich behaupte, ich bin ein Landrat, und ich behaupte“, rief er laut, „dass Kapitän Keeling durchaus in der Lage ist, die Boote zu Wasser zu lassen und das Schiff von dieser Stelle wegzuziehen. In einer Stunde wäre die Brigg außer Sicht.“

In diesem Augenblick zuckte ein Blitz zusammen und ließ den dunklen Himmel hinter der Brigg purpurn schimmern. Der Himmel ging in einem schrecklichen, gelblichen Schieferton in die dichte Rußschicht über, die den Horizont umgab.

„Ha!“, rief Mr. Emmett, „ich mag keine Blitze.“ Und plötzlich stolperte er die Achterleiter zum Achterdeck hinunter und verschwand.

„Das ist ja ein Schlamassel!“, brummelte Johnson. „Es ist ganz gut, zu schießen oder beschossen zu werden, wenn man das Metzgen zu seinem Beruf gemacht hat. Aber in einer billigen Schlägerei verstümmelt oder getötet zu werden – für Leute kämpfen zu müssen, die einem völlig egal sind – zum Beispiel gezwungen zu sein, seine Augen, seine Glieder, vielleicht sogar seine Existenz für eine alte Frau wie Mrs. Bannister aufs Spiel zu setzen , wenn man mit dem Geschäft überhaupt nichts am Hut hat –“ Er ballte die Faust, schlug sich damit auf den Oberschenkel und rief: „Der kleine, schikanöse Oberst Kikeriki soll so viele Kehlen durchschneiden, wie er nur kann – ich bin ein Mann des Friedens. Ich habe eine große Summe ausgegeben, um bequem nach Indien zu kommen; und von mir zu erwarten, dass ich den Matrosen beim Kämpfen helfe, ist ebenso ungeheuerlich, wie von mir zu erwarten, dass ich ihnen beim Einrollen der Segel und beim Schrubben der Decks helfe.“

Während er das sagte, folgte er Mr. Emmett hinunter auf das Achterdeck .

KAPITEL XII
EIN STURM

DIE Atmosphäre nahm jetzt einen noch düstereren Anstrich an. Auf die Blitze im Westen war Donner gefolgt, leise, fern, aber ununterbrochen, wie eine rasche Abfolge der Batterien mehrerer Kriegsschiffe, die man aus der Ferne hörte; und als das Echo dieses ominösen Grollens über die glasglatte Woge der Dünung an unsere Ohren drang, kam eine neue Düsternis in den Tag und machte den Nachmittag zu einer abendlichen Dunkelheit.

Der Lärm des Donners war wie ein Ruf zur Ruhe auf dem Schiff. Die Männer hingen in stillen Gruppen an Deck; am Steuerrad stand regungslos die große Gestalt eines kräftigen Matrosen, der die Speichen mit einer eisernen Hand umklammerte, die sich kaum durch das häufige harte Ziehen der Ruderpinne beim Schlagen des Ruders erschüttern ließ; die Seeleute, die achtern an den Kanonen stationiert waren, standen mit verschränkten Armen oder nachlässig in die Taschen gesteckten Händen da und starrten auf die Brigg oder warfen mit dem ungeduldigen Blick von Matrosen, die während ihrer Wache unten untätig an Deck warten, Blicke zum Horizont oder zum Himmel, als suchten sie nach einem Anzeichen von Wind. Die drei Maaten hingen weiterhin über der Reling in der Nähe des Kapitäns, der mit einem Teleskop unter dem Arm die Länge eines Bretts hin und her ging, das er manchmal auf die Brigg richtete und sich danach leise an seine Offiziere wandte.

Alle Damen waren unten; doch kurz nachdem Mr. Johnson mich verlassen hatte, kam Miss Temple an Deck und ging zur Seite, um sich den Fremden anzusehen. Dort verweilte sie, den Blick auf den westlichen Himmel gerichtet, über den die Blitze jetzt in fließenden Linien zuckten, eine Kaskade feuriger Streifen mit häufig mattem Aufflammen tief unten, das sich in den Spitzen der Dünung spiegelte, als wäre es der plötzliche Schimmer eines Sonnenuntergangs. Hätte sie sich herabgelassen, in meine Richtung zu blicken, hätte ich mich ihr angeschlossen. Sie zögerte eine Weile und verließ dann das Deck; und im selben Moment trat der zweite Maat an die Heckwand und rief den Befehl, das Focksegel und das Besanmarssegel einzurollen und das Fockmarssegel dicht zu reffen.

„Das ist eine sehr unangenehme Schwebe", sagte der kleine Mr. Saunders, schlich sich an meine Seite und sah mir ins Gesicht.

„Sehr", antwortete ich. „Aber es scheint, als würde das Wetter unsere Besorgnis hinsichtlich der Brigg auslöschen."

„Ja", sagte er. „Ich hörte, wie der Kapitän Mr. Prance sagte, er glaube, hinter dem Sturm dort drüben steckt ein Sturmwind. Meine Güte! Was für ein sehr lebhafter Blitz. Horch! Er kommt schnell näher."

Jetzt erklang ein dröhnender Donnerschlag, ein langgezogenes, dröhnendes Gebrüll, und ein paar dicke Regentropfen fielen. Mr. Cocker stand mit einem Teleskop in der Hand an der Reling. Er beobachtete eifrig die Männer da oben und gab dem Bootsmann manchmal einen Befehl mit einer Stimme, die an Mr. Saunders' Ohr vorbeiging wie ein Stein aus einer Schleuder. Ein dicker Regentropfen klatschte auf Mr. Saunders' Nase.

„ Ich glaube, es platzt gleich", sagte er und blickte mit seinen bescheidenen, sehnsüchtigen Augen geradewegs zum Himmel. „Ich werde nach unten gehen", und das kleine Geschöpf trabte hinunter.

„Mr. Cocker", sagte ich, „leihen Sie mir doch kurz Ihr Fernglas, ja?" Ich richtete es auf die Brigg. „Ja", rief ich aus, während ich mit dem Teleskop vor dem Auge mit dem zweiten Maat sprach. „Ich glaube, ich habe mich nicht geirrt. Voller Leute, wirklich! Puh! Auf ihren Rahen sind genug Leute, um die Besatzung einer Fregatte mit fünfzig Kanonen zu stellen."

Es war tatsächlich so, wie ich sagte. Sie rollten die gesamte Leinwand auf der Fremde auf, offenbar in der Absicht, sie mit einem kleinen Sturmvorsegel dem entgegenzuwirken , das, wie ich sah, eine Menge Seeleute spannten und zum Setzen bereit machten. Ihre Fock- und Marssegelrahen waren mit Männern beladen, die wie Bienen entlang der dünnen, zarten Linien der Spieren schwärmten, und während ich zusah, schmolz die Leinwand, die sie aufrollten, zu schmalen weißen Streifen zusammen. In den Salingen beider Masten und noch höher auf den Rahen darüber und auch in den Spitzen waren eine Anzahl Männer damit beschäftigt, die Königs-, Skysegel- und Bramsegelrahen herunterzulassen und die Bramsegelmasten unterzubringen. Es sah für mich so aus, als ob das Schiff mindestens hundert Mann Besatzung hatte.

Man fand etwas fast Grauenhaftes und absolut Erschreckendes in der scharfen Deutlichkeit des kleinen Stoffes, der sich vor dem donnerschwarzen Himmel hinter ihr abzeichnete, und auf der langen, bösartigen, grünlich gefärbten Dünung, in der die Blitze funkelten, als ob das Wasser vor Phosphorfeuer knisterte. So dunkel die Atmosphäre im tiefen Schatten des Sturms auch war, die Brigg war für das Auge bis ins kleinste Detail sichtbar, sie stürzte schwer unter ihren nackten Masten, und ihre nassen schwarzen Seiten schossen die gespiegelten Flammen der Blitze mit einem so klaren Glanz aus, wie Glas oder poliertes Messing ihn erzeugen würden.

„Die Größe ihrer Besatzung zeugt von ihrem Charakter", sagte ich und gab Mr. Cocker das Teleskop zurück.

„Oh, an ihr besteht kein Zweifel", rief er aus. „Der Kapitän ist ein alter Hase und hat sie schnell begriffen."

„Das Wetter wird ihr wohl den Garaus machen", sagte ich. „Wir haben Glück, Mr. Cocker. Eine große Mannschaft von Grobianen und sechs Kanonen pro Seite, ganz zu schweigen von einer 24-Pfünder-Kanone am Bug und Entermessern und Handfeuerwaffen in Hülle und Fülle, das ist nicht gerade ein Witz. Es ist leicht, sich die Schönheit vorzustellen, die, so vermute ich, drei Fuß neben uns segelt, ruhig längsseits geht und siebzig oder achtzig ihrer Kinder an Bord wirft, dunkelhäutige, bis an die Zähne bewaffnete Mörder, die nach Knoblauch stinken. Nun, verdammt noch mal, Mr. Cocker, wenn ich nicht glauben würde, dass die Zeiten dieser Herren schon vor einigen Jahren vorbei sind."

Seine Lippen bewegten sich, um mir zu antworten, aber in diesem Augenblick zuckte ein breiter und blendender Blitz zusammen, der den Himmel in Flammen setzte, unmittelbar gefolgt von einem Donnerschlag, der so ohrenbetäubend war, als ob ein Schiff erster Klasse direkt an Bord explodiert wäre. Wieder einmal wurde das düstere Bild der Wolken immer dunkler, und die Brigg wurde plötzlich in der Dunkelheit des Sturms undeutlich.

„Da kommt der Regen!", rief Mr. Cocker und zeigte auf einen grauen Schattenstreifen, aus dessen Basis Dampf aufstieg. Er kroch langsam auf die Brigg zu, und sein senkrechter Fall ließ einen denken, er sei eine riesige Wasserfläche, die über den Rand einer Wolke strömte und steil herabstürzte.

„Dort ist kein Wind", sagte ich. „Es ist ein richtiger irischer Hurrikan, auf und ab. Aber hier ist ein Regenmantel."

Ich trottete nach unten, um mir Gummikleidung zu holen, denn ich war zu aufgeregt, um zu sehen, was passieren würde, als dass ich das Deck verlassen hätte. Alle Passagiere hatten sich in der Kajüte versammelt, und die Blitze, die in den Bullaugen und Oberlichtern blitzten, ließen ihre Gesichter in der düsteren Atmosphäre aufblitzen und ließen sie wie eine bleiche und zitternde Menge aussehen. Der Oberst ging neben dem Klavier auf dem Deck auf und ab. Miss Hudson lehnte sich an ihre Mutter und hielt sich die Hände vor die Augen. Wenn es jemals einen helleren Blitz als gewöhnlich gab, würde die eine oder andere Dame aufschreien. Colledge und Miss Temple saßen an einem Damebrett ; aber aus dem hastigen Blick, den ich auf die Leute warf, als ich an ihnen vorbeiging, konnte ich nicht schließen, dass sie spielten. Ich zog mir von Kopf bis Fuß einen Regenschutz an und ging auf dem Weg zum Achterdeck wieder in den Salon.

„Gehen Sie an Deck, Dugdale ?“, rief Mr. Johnson und brüllte laut, damit seine Stimme über dem anhaltenden Donnern hörbar wurde.

„Ja“, antwortete ich.

„Sie werden totgeschlagen, Sir“, rief Mrs. Hudson.

„Ich hätte halb Lust, mich zu Ihnen zu setzen“, sagte Mr. Emmett, sprang auf und warf einen wilden Blick zum Oberlicht. „Hier unten ist es einfach scheußlich.“

„Hören Sie mal!“, brüllte der Oberst. „Da gibt es eine Dusche für Sie!“

Die Regenwand hatte uns erreicht. Eine Minute lang, bevor sie das Schiff traf, konnte man sie auf dem Meer zischen hören wie zwanzig Lokomotiven, die Dampf ablassen ; dann prasselte der Wasserfall auf unsere Decks. Wäre jeder Tropfen ein Ziegelstein gewesen, hätte der Lärm nicht erstaunlicher sein können. Man konnte den Donner vor dem Tosen des Wasser- und Hagelschlags nicht hören, obwohl der tiefe und schreckliche Ton des elektrischen Sturms darin war, der seinen gewaltigen Lärm verstärkte. Die Dunkelheit war jetzt so schwer in der Kajüte, dass in den Blitzpausen die Gesichter der Menschen kaum zu erkennen waren. Inmitten der störenden Geräusche des Donners, des atemlosen Sturms aus Hagel und Regen, des Wassers, das in wütendem Schwall und Brodeln von den Decks über Bord stürzte, erhob sich der Chor einer Anzahl von Matrosen auf dem Achterdeck, die das Großmarssegel einholten. Dort ertönten Fallen , begleitet vom durchdringenden Zirpen der Bootsmannspfeife und den heiseren Befehlen, die vom Achterdeck über uns kamen.

„Wo ist der Steward?“, brüllte der Oberst so laut er konnte. „Verdammt , sollen wir hier in völliger Dunkelheit zurückgelassen werden? Warum zündet denn niemand die Lampen an?“

„Kommen Sie an Deck, Mr. Emmett?“, rief ich. Aber er war mit verschränkten Armen und gesenktem Kopf auf seinen Sitz zurückgesunken. Da ich keine Antwort erhielt, ging ich zur Nebentreppe. Als ich an Miss Temple vorbeikam, warf sie mir einen halb fragenden Blick zu, der mich dazu veranlasste, noch einmal hinzuschauen, um die Frage zu beantworten, die ihr auf den Lippen zu liegen schien. Aber sie senkte sofort den Blick und im nächsten Moment wandte sie sich ab, um etwas zu ihrer Tante zu sagen, die auf einem Sofa hinter ihr saß. Also drehte ich mich auf dem Absatz um und stieg in die dampfende Nässe.

Es war nichts zu sehen außer Regen – so viel Regen, wie man ihn nur in den Breitengraden, in denen wir uns befanden, sehen kann. Die Blitze zuckten unaufhörlich zwischen ihnen hindurch, und jede Linie des fallenden Wassers funkelte wie glühender Draht in schillernden Schattierungen von Purpurrot und Violett abwechselnd. Ich wartete unter dem Schutz der Kajüte, bis die erste Last all dieses Regens und Hagels vorüber war. Durch den Dunst der Feuchtigkeit, der wie Dampf von den Decks zu den Kataraktalen aufstieg, Ich konnte die Gestalt des alten Keeling erkennen , der aussah wie eine durchnässte Vogelscheuche, der Schönwetterhut auf seinem Kopf war zu Brei zerfallen und hing ihm wie eine faule Feige um die Ohren. Der Kerl am Steuer stand wie eine Statue inmitten des strömenden Regens, aber die Männer, die an den Kanonen postiert waren, waren verschwunden.

Ich war noch nicht eine Minute in der Luke, als ein Blitz den Himmel bis ins tiefste Innerste aufriss. Im Sekundentakt folgte ein Donnerschlag, der sich scheinbar unmittelbar über unseren Mastspitzen ereignete – ein niederschmetternder Krach, wenn es je einen gab! und wie durch Zauberei hörte der Regen auf und die Atmosphäre hellte sich merklich auf. In der Kajüte war ein lautes Kreischen zu hören, und halb geblendet und ziemlich benommen von dem schrecklichen Blitzeinschlag und dem darauf folgenden Donnerschlag schlich ich mit klopfendem Puls die Stufen hinunter, um zu sehen, was passiert war, und wusste kaum, dass jemand getroffen und vielleicht getötet worden war.

„Was ist los?“, rief ich dem Oberst zu, der am Fuß der Leiter stand.

„Nur Mrs. Hudson im Hysterieanfall“, brüllte er. Als ich das hörte, ging ich wieder nach oben, da ich nicht in der Stimmung war, mich der nervösen Gesellschaft unten anzuschließen.

Die Dünung hatte sich abgeflacht; überall an Steuerbord sickerte es wie Tageslicht in die atemlose Dichte, und hässliche buckelförmige Massen schwarzen Dampfes zeichneten sich in der hässlichen, fahlen Decke auf eine Art sich windende Weise ab, als ob sie sich in einem Wirrwarr zusammenfänden; aber an Backbord war es schwarz wie Donner, ein tintenschwarzer Hang, eisgrau vom Regen, über den Blitze im Zickzack zuckten. Ich ging zur Reling, wo Mr. Cocker mit seinen Kleidern voller Wasser stand.

„Eine hübsche kleine Dusche!“, sagte ich.

„Sehr“, antwortete er, und sein Gesicht sah aus wie gebleichtes Fleisch von der Hand einer Wäscherin. „Zum Teufel mit dieser Art von Arbeit, sage ich! Dieser Serge läuft bei Nässe ganz aus, und meine Hose wird mir morgen früh bis zu den Knien reichen – drei Pfund zehn, so gut wie aus der Tasche eines Mannes gewaschen.“

„Wo ist Ihr Glas, Mr. Cocker?“

„In dem Hühnerstall dort", sagte er.

Ich zog es heraus und richtete es auf den schwachen Fleck der Brigg, der mir aufgefallen war und wie das Phantom eines Schiffes aus der nassen Dämmerung hervorlugte.

„Bei der Perücke meines Urgroßvaters!", rief ich erschrocken. „Also, *jetzt brauchen* wir keine Angst mehr zu haben, geentert zu werden. Unsere Luftröhren sind für den Moment sicher. Sehen Sie selbst nach, Mr. Cocker."

Er musterte sie einen Augenblick lang und brüllte dann den Kapitän an, der mit Mr. Prance sprach.

„Die Brigg ist gestrandet, Sir! Ihr Großmast ist über Bord."

wirklich so , wie er es behauptet hatte. Ich riss ihm das Glas aus der Hand, um noch einmal nachzusehen, und tatsächlich konnte ich deutlich erkennen, wie sich neben dem schwankenden Rumpf der Brigg ein ganzes Wrackstück in der sanften Dünung hob. Ihr Fockmast und ihre Stenge standen noch intakt an den Salingen , aber achtern war sie so vollständig entblößt, als hätte man ein Hackmesser an den Fuß des Mastes gelegt. Das Chaos ist unbeschreiblich . Ich konnte erkennen, dass ein Stück ihrer Schanzkleidung plattgedrückt war und die schwarzen Linien der Wanten und der Ausrüstung über Bord schlangen wie Schlangen, die sich aus den Luken ins Wasser wanden. Aber die Dunkelheit war zu tief, als dass ich hätte sehen können, was ihre Leute taten.

Ich ging zur Niedergangstreppe und rief nach unten Colonel Bannister.

„ Hallo ? Was jetzt? Wer will *mich* ?", rief er.

„Sagen Sie den Damen, Colonel", sang ich hinunter, „dass die Brigg vom Blitz getroffen wurde und dass unsere Sicherheit, soweit *es sie* betrifft, gewährleistet ist."

Ich hörte ihn die Neuigkeit brüllen, als ich wieder zur Seite ging, und einen Moment später stürzte die ganze Gruppe der Passagiere herbei, um sich selbst ein Bild zu machen. Die Decks waren voll Wasser, aber niemand schien sich daran zu stören. Die Damen platschten hindurch bis zur Reling, einige von ihnen warfen erschrockene Blicke auf die Masse blinkender Schwärze, die sich im Osten niederließ, und wichen dem Spiel der Blitze sozusagen aus, indem sie unwillkürlich den Kopf einzogen und die Finger an die Augen hoben.

Der alte Keeling rief : „Meine Damen, seien Sie so gut, befolgen Sie meinen Rat und kehren Sie in die Kabine zurück. In ein paar Minuten wird ein starker Wind aufkommen."

„ Meine Güte , sie brennt !", rief Hemskirk und deutete mit seinem dicken Zeigefinger direkt auf das Brigg, während er mit der anderen Hand ein Fernglas vor die Augen presste.

„Ach so, Sir!" rief Mr. Prance dem Kapitän zu. „Aus der Vorderluke steigt Rauch auf."

Mr. Cocker hatte sein Teleskop im Hühnerstall zurückgestellt; ich sprang darauf zu und hatte die Linsen im Nu auf das Brigg gerichtet. Es war Rauch zu sehen, ein dünner bläulicher Dunst, als ob er von einem frisch entzündeten Lagerfeuer aufstiege und langsam spiralförmig in die bewegungslose Luft aufstieg; aber fast im Augenblick meines ersten Blicks glaubte ich, etwas von einem rötlichen Schimmer zu sehen, das in diesem Rauch aufblitzte, als ob eine plötzlich auflodernde Flamme aufblitzte. Obwohl die Brigg in derselben Entfernung lag, die sie den ganzen Nachmittag über von uns getrennt hatte, schien die verhüllte und aufgeschüttete Dunstwand des Firmaments hinter ihr sie wieder so nahe an uns heranzuheben , wie sie wirklich war. Und jetzt konnte ich durch das Glas ganz leicht ihre Decks sehen, wie sie sie im Dunkeln mit ihrer Besatzung auf uns zurollte. Viele von ihnen hackten und hieben auf ihre Takelage ein, als wollten sie die Trümmer wegräumen. Andere schienen Eimer herumzureichen. Wieder andere rannten wild und scheinbar ziellos umher, während der wunderschön geformte Rumpf mit der Regelmäßigkeit einer Schwungbewegung ruhig von einer Seite auf die andere rollte, mit einer rhythmischen Schwingung ihres einen Mastes, auf dem sich das Stück des weißen Trysegels beim Schlagen durch die Luft füllte und aushöhlte. Es erschien dem Auge mit einer geradezu gespenstischen Blässe, als es aus dem Schatten seiner Krümmung zu seiner watteartigen Farbe anschwoll und wie ein Schmetterling über dem scheußlichen, düsteren Grün der Dünung schwebte.

Ich habe das Teleskop ausgetauscht.

„Hier kommt der Wind!", hörte ich Mr. Cocker singen.

„Meine Damen", rief der alte Keeling, „ich möchte Sie bitten, nach unten zu kommen."

Die meisten kamen der Aufforderung nach, aber einige blieben und starrten neugierig auf das kommende Wetter. Ich beobachtete es mit Erstaunen, denn noch nie zuvor hatte ich einen Sturm auf ein Schiff herabstürmen sehen, der so eine Art Wand bildete. Man sah seine Linie in einem Schaumkamm, dessen Enden sich in der Dunkelheit auf beiden Seiten verloren. Vor ihm war alles glasglatt, und kein Lüftchen war zu spüren, als das stürmische Zischen laut in unseren Ohren klang, als er heranfegte, die Wolken in der Höhe nach rechts und links schossen und eine blassere

Schwäche, wie bei zunehmendem Tageslicht, mit ihm in die Luft kam. Die stierartigen Töne von Mr. Prance schallten vom Achterdeck durch das Schiff.

Großmarssegel bereithalten Fallen – Focksegelschoten – Fockmars-Stagsegel Niederholer '

Der Wind traf die Brigg. Mein Auge war auf sie gerichtet, und sie verschwand in dem kreischenden Wirbel aus Gischt, so wie man ein Spiegelbild auslöscht, indem man auf das Glas haucht. Eine Minute später war er über uns. Er traf das Ostindienschiff direkt querab, und es lag in einer brodelnden und zischenden Fläche aus kochendem Wasser, immer noch nach unten geneigt, bis die Linie der Bramwandreling mit der wütenden, hefigen Glut bündig zu sein schien. Zwei Männer standen am Steuer und hielten das Steuerrad fest umgeknickt. Ich schwang mich zu einem Belegnagel an der Wetterreling, und das Achterdeck sank von mir in Lee in einem Winkel herab, der einem die Augen im Kopf kreischen ließ, wenn man daran entlangschaute. Das Brüllen des Windes hoch oben unter dem Rauschen und Auflösen der wilden Wolken hatte einen echten Orkanton, und das erste Aufblitzen zwischen unseren Masten war wie das Vorbeifahren von zwanzig Lokomotiven, die mit Schnellgeschwindigkeit vorbeirasten und dabei kreischten.

Ich wartete gerade darauf, zu sehen, was das Schiff tun wollte, als die Schot des Luvgroßmarssegels , obwohl es ein dreifach gerefftes Segel war, mit einem Geräusch wie ein weiterer Donnerschlag riss und im Nu die Leinwand in Fetzen von der Rah weggepeitscht wurde , während Mr. Cocker aus vollem Halse schrie und eine Menge Matrosen auf dem Hauptdeck auf den Befehl des Offiziers, die Schotleinen zu ziehen, taumelten und kenterten . In diesem Augenblick, inmitten dieses ungeheuren Hallabalus , erblickte ich Miss Temple leewärts des Besanmastes , wie sie sich an einem am Fuß des Mastes befestigten Seil festhielt. Als mein Blick auf ihr ruhte, holte das Seil, das sie ergriffen hatte, entweder von selbst ein oder löste sich vom Bolzen, und sie schwang nach Lee. Hühnerställe und Reling und die Besanwanten bewahrten sie davor, über Bord zu gehen; aber nichts konnte sie davor bewahren, sich ein Bein oder gar das Genick zu brechen, wenn sie losließ. Obwohl meine Beine noch etwas von ihrer alten Seefahrergeschmeidigkeit bewahrt hatten, wurden sie durch die Neigung des Decks verzweifelt beansprucht. Doch das Mädchen musste erreicht werden, und zwar sofort. Sie schien nicht genug Verstand zu haben, sich am Seil hinabzulassen, bis ihre Füße das Seil berührten, in dieser Haltung hätte sie sicher hängen können. Sie behielt den ersten Griff um das Fahrwerk und schwang sich etwa zwei, vielleicht drei Fuß über das Deck. Keeling, der sich an der Luvniederholer festklammerte , schien sie nicht zu sehen. Die Steuermänner, die am Steuerrad knirschten, achteten nur auf ihre Angelegenheiten. Mr.

Prance und der Zweite Offizier krallten sich in die Messingreling an der Heckklappe, lehnten sich nach Luv, die Augen auf die strömenden Lumpen des Großmarssegels gerichtet , und brüllten Befehle.

Es gab nur eine Möglichkeit, das Mädchen einigermaßen schnell zu erreichen. Ich ließ mich auf das Deck fallen, kniete mit dem Kopf in Windrichtung nieder und arbeitete mich mit dem Heck voran in dieser Position zu der Reihe der Hühnerställe im Windschatten vor, an denen ich mich entlang bewegte, halb durch mein eigenes Gewicht gegen die Gitterstäbe der Ställe geklemmt, bis ich neben dem Mädchen ankam, mich auf die Beine stellte, meinen linken Fuß fest gegen den Boden der Reihe von Kisten stemmte, in denen die Hühner eingemauert waren, mich in Fechthaltung auf mein rechtes Bein stützte, meine Arme um ihre Taille legte und ihr befahl, loszulassen. Sie tat es sofort, wahrscheinlich, weil sie sich nicht länger festhalten konnte. Das Gewicht ihrer edlen Gestalt war etwas mehr, als ich erwartet hatte. Ich hatte überlegt, sie ziemlich weit vom Deck hochzuhalten und sie, während sie in meinen Armen war, sanft hinunter zum Hühnerstall dahinter zu führen, auf dem sie sitzen konnte; aber sie war zu viel für mich. Ich war gezwungen, ihre Füße die Planken berühren zu lassen, worauf sie das Gleichgewicht verlor und mir den Arm um den Hals schlang, um nicht zu fallen. Im nächsten Moment war ich auf dem Hühnerstall, sie auf meinem Schoß und ihre Arme immer noch um meinen Kopf geschlungen; aber das war nur für ein oder zwei Atemzüge. Es war leicht, sie an meine Seite zu heben, und da saß sie, ihr schönes Gesicht dunkel vor Erröten, und ihre Augen funkelten vor Angst und Verwirrung und zwanzig anderen Leidenschaften und Emotionen, während sich die Rundung ihrer Brust mit hysterischer Schnelligkeit hob und senkte.

„Was für eine lächerliche Situation! Das geschieht mir recht. Ich hätte den Rat des Kapitäns befolgen sollen. Ich hätte unter Deck gehen sollen.“

Das war alles, was meine hochmütige Begleiterin zu sagen wagte. Keine Silbe des Dankes – kein sanfter Blick, der mich belohnte! Um jedoch vernünftig zu sein, hätte man sie kaum hören können, wenn sie mehr Worte versucht hätte. Selbst um die paar Sätze zu verstehen, die sie sagte, musste ich meine Ohren anstrengen, um die Bewegung ihrer Lippen zu hören, von denen der Wind ihre Worte mit einem zum Schweigen bringenden Schrei abriss.

Das Donnern des Sturms, das noch immer bläulich über dem östlichen Horizont zu sehen war, hatte kaum etwas übertroffen, das das wilde und gewaltige Brüllen dieses ersten Auszugs des Hurrikans übertraf. Das Schiff lag weiterhin in dem Winkel, den es erreicht hatte, im heftigen Wind – das war in der Tat so gut oder schlecht, als ob es auf der Seite lag –, und Miss Temple und ich waren gezwungen, auf unseren Plätzen im Hühnerstall zu bleiben, und konnten ebenso wenig das Deck hinaufkriechen, wo die Luke zur Kajüte war, als wäre es eine Abdachung aus poliertem Eis gewesen. Das war es vielleicht, was sie mit „der Lächerlichkeit ihrer Lage" meinte. Der Kapitän, der in Luv stand, warf bedrohliche Blicke auf das Band des Focksegels und das Fockmaststagsegel , dessen Tuche auf wundersame Weise noch hielten. Der Wind war zu stark, als dass die See plötzlich hätte ansteigen können; tatsächlich hatte die Wucht des Sturms die Reste der Dünung, die Regen und Hagel hinterlassen hatten, geglättet; Der Ozean war eine ebene Schaumkrone, aus der der Sturm ganze Schneestürme aus Gischtflocken aufwirbelte, die in Wolken über das Schiff hinwegflogen, die weiß wurden und eine Art Blendeffekt ausstrahlten, als ob die Sonne sie berührte, während sie in ihren pulsierenden Massen quer über den bleiernen Himmel flogen, der sich in Lumpen, Schweifen und wirbelnden Schlingen rußigen Dampfes über den Bug des Schiffes ergoss .

„Sehen Sie!", rief ich Miss Temple zu und deutete über unser Heck, wo sich in diesem Augenblick aus der schwachen und dichten Gischt die Silhouette der Brigg abzeichnete.

Um besser sehen zu können, sprang ich auf den Hühnerstall und hielt mich an den Besanwanten fest.

„Soll ich dich hochheben?", rief ich dem Mädchen zu.

Ihre Neugier war zu groß; die fliegende Brigg – eine flüchtige Vision des Objekts, das uns den ganzen Tag mit Angst und Spannung erfüllt hatte – war ein Wunder, das man zu einem solchen Zeitpunkt um jeden Preis erleben musste . Ihre Lippen öffneten sich zu dem Wort „Ja" zum Heulen des Sturms, und im nächsten Moment hatte ich sie neben mir, meinen Arm in ihren gehakt, sie fest gepackt und gestützt, und wir beide starrten atemlos auf den Anblick hinter uns.

Mit ihrem einzelnen Mast, der sich bis zu den Salingen der Stenge erhob, die Rahen gerade, die Reste des Trysegels wie weißes Haar von Gaffel und Liektau strömend, raste die Brigg unter unserem Heck hindurch, schoss quer übers Meer, brodelte sanft wie ein Schlitten über eine ebene Schneefläche und raste vor dem Wind wie der Flug eines Pfeils. Eine Wolke aus dichtem, schwarzem Rauch, dessen Basis von plötzlich aufblitzenden Feuerzungen gerötet war , wehte über ihren Bug und färbte die Atmosphäre, in die sie hineinraste, mit einem Gewitterton. Sie schien aus der vorderen Luke aufzusteigen und verschwand geradewegs vom Deck. Ich erhaschte einen Anblick von Horden von Männern vorn und hinten, und ein paar Kerle sprangen in die Vortakelung , als die Brigg vorbeiraste, um uns zu gestikulieren. Aber die Erscheinung kam und verschwand in wenigen Atemzügen wie ein Objekt, das vom Blitz gesehen wird. Der Sturm mit der Gischt war so dicht, dass es um uns herum kaum eine Kabellänge Öffnung gab. Die Brigg tauchte auf und war verschwunden! ein Phantom, durch das die weißen Wasser über die Sprietsegelrah strömten, als sie hindurchraste, und während ihres stürmischen Sturzes von einer Gischtwand in die nächste war mit dem Auge nichts weiter von ihr zu erkennen als die zarten Linien ihrer Takelage, die den Fockmast stützte, den Bugspriet, der in einer Rauchwolke verschwand, vor ihr ein Stück weißes Deck wehte, ein Aufblitzen von Oberlichtglas, sozusagen das Schimmern von einigen zwanzig Gesichtern, die sich uns zuwandten.

„Sie brennt", rief ich Miss Temple ins Ohr. „Sie reißt eine dem Untergang geweihte Mannschaft in dieses Dickicht hinein!"

Sie bewegte sich, als wolle sie sich wieder hinsetzen, und sehr vorsichtig setzte ich sie wieder auf den Hühnerstall.

Doch die erste schreckliche Brise war nun vorüber, und die gedrungene Gestalt des Ostindienfahrers, der sich ein wenig aus dem brodelnden Kessel erhob, in dem er lag, wobei die Reling des Hauptdecks bündig mit der hefigen Oberfläche abschloss, begann sich langsam auszuzahlen. Seine Decks wurden allmählich ebenerdig, und bald stand er direkt vor dem Wind, dessen Heulen an seiner Heckreling hing, und sein riesiger Bug türmte sich in der weißen See auf , bis die Spitzen der Spitzen an beiden Kahnköpfen lagen.

Mr. Colledge war auf der Niedergangstreppe zu sehen .

„Oh, da sind Sie ja, Miss Temple!", brüllte er. „Mrs. Radcliffe ist fest davon überzeugt, dass Sie über Bord geweht wurden."

Sie stand auf, setzte sich aber wieder hin, denn der Wind war zu stark für sie. Freund Colledge selbst schien durch das Gewicht des Windes in der Luke festgenagelt zu sein.

„Vielleicht schaffen wir es gemeinsam", rief ich. Und indem ich mich bei ihr unterhakte, steuerte ich uns beide nach Luv und half ihr, auf die Niederleiter zu steigen, die sie hinunterkletterte.

KAPITEL XIII
FEUER!

ES heftig. Zwei Stunden nach dem ersten Sturm kam eine berghohe See auf, in der die *Gräfin Ida* unter einem kleinen Sturmsegel beigelegt lag und es wirklich mit sehr schwerem Wetter zu tun hatte. Es gab viel zu besprechen, aber keine Gelegenheit zum Plaudern. Nur wenige waren am Esstisch anwesend, obwohl der Seegang damals im Vergleich zu den widerwärtigen Höhen, die er später erreichte, gemäßigt war; und während der gesamten Mahlzeit gab es kaum etwas anderes zu tun, als sich um sein Leben festzuhalten, das Essen scharf im Auge zu behalten und einander sprachlos über den Tisch hinweg anzustarren, inmitten eines Aufruhrs aus heulendem Orkan, tosendem Wasser, gespannten Schotten, einem unaufhörlichen Klappern von Geschirr und anderen lauten Gegenständen, das eine Unterhaltung schlichtweg unmöglich machte.

Und zu all dem kommt noch die große Bestürzung unter uns Passagieren hinzu. Ich habe in meinem Leben schon einiges an Wetter erlebt, aber noch nie ein so stürmisches und stürmisches Wetter wie dieses. Es gab tatsächlich Momente, in denen man das Gefühl hatte, es sei höchste Zeit, zum Gebet zu gehen: Ich meine, wenn das Schiff auf der Schräge einer gewaltigen Brandung lag, bis es mit dem Kiel über dem Hang hing und mit der Breitseite auf dem Wasser lag, als wäre es sein Boden. Es gab viele Überschläge dieser Art, und jedes davon wurde von halb erstickten Schreien aus den Kabinen begleitet , von dem Geräusch des Zusammenstoßens von Kisten, nicht festgebundenen Gegenständen, Stühlen und beweglichen Gütern aller Art, die mit Blitzgeschwindigkeit nach Lee rasten. Die Ereignisse des Tages hatten unser Nervensystem schwer belastet: die Nähe der Brigg, die Aussicht, dass uns die Luftröhre durchgeschnitten würde, das heftige Gewitter, der Anblick des vom Blitz getroffenen Schiffes. Und der Rest an Kraft, der uns noch blieb, reichte nicht mehr aus, um einer Erfahrung wie dieser, die wir in dieser Nacht erleben sollten, mutig und männlich entgegenzutreten.

Ich erinnere mich lebhaft an das Erscheinen der Kajüte um elf Uhr, als der Hurrikan seinen Höhepunkt erreichte. Das Schiff lag auf Steuerbordbug, und die Lampen im Salon schwangen manchmal nach Backbord, bis ihre Lampenkugeln auf dem Oberdeck zu ruhen schienen. Ich hatte es geschafft, mich wie ein Papagei am Tisch entlang bis neben ein schwingendes Tablett zu krallen, wo ich mir ein Glas kalten Brandy-Grog mixte, mit dem ich auf ein Sofa auf der Leeseite hinunterrutschte; und dort saß ich und blickte zu den Leuten in Luv auf wie zu einer Reihe von Figuren in einer Galerie .

Weiß der Himmel, ich war nicht sehr heiter, aber ich konnte mir das Lachen angesichts des jämmerlichen Aussehens der meisten meiner dort versammelten Mitreisenden nicht verkneifen. Nahe am Bug, auf den windzugewandten Sitzen, saß Mr. Johnson, und der Schrecken war in seinem bleichen Gesicht deutlich zu erkennen. Bei jeder ungewöhnlich schweren Bewegung des Schiffes verdrehte er furchterregend die Augen, und sein langer, schlanker Körper krümmte sich auf lächerliche Weise, um nicht nach vorne zu stürzen. Neben ihm saß Mr. Emmett, der sich abzustützen versuchte, indem er mit den Händen gegen die Kissen stieß und seine Beine wie einen offenen Zirkel ausstreckte, wobei er die Zehen in den Teppich auf dem Deck steckte, als wäre er ein Balletttänzer, der auf diesen Extremitäten eine Pirouette zu drehen versucht. Der kleine Mr. Saunders, der gedankenlos auf der Luvseite Platz genommen hatte, saß da und ließ seine kurzen Beine hoch über dem Deck baumeln, in den letzten, sichtbaren Schmerzen des Festhaltens. Ich hatte ein Auge auf ihn, als er vom Kissen glitt und das Schiff in einer jener schwindelerregenden Bewegungen hin und her schwankte, die jeden hätten glauben lassen, es würde kentern. Er schoss von dem glatten Leder wie ein Bolzen aus einer Armbrust, schlug auf dem Deck auf und überschlug sich wie ein Junge, der einen Hügel herunterkommt. Nichts hielt ihn auf; er lief unter dem Tisch hindurch und kam halb tot einen Faden von mir entfernt an; ich schlich mich an seine kleine Gestalt heran und hob ihn auf. Er war nicht verletzt, aber furchtbar verängstigt.

„Was für ein schreckliches Wetter, das ist wirklich so!“, war alles, was er sagte.

Ich legte dem ehrenwerten kleinen Geschöpf mein Glas Grog in die Hand, und er dankte mir mit einem seiner langgezogenen, wehmütigen Blicke, setzte dann das Glas an seinen Mund und leerte es.

Aber um das alles zu beenden: Um drei Uhr morgens ließ der Sturm merklich nach. Ich war in der Kajüte eingeschlafen und als ich zu dieser Stunde aufwachte und feststellte, dass nur eine Lampe schwach brannte und das Innere verlassen war, arbeitete ich mich zur Luke vor, tastete mich zu meiner Kabine und fiel in meine Koje, wo ich bis halb neun tief und fest schlief. Als ich die Augen öffnete, schien die Sonne: Das Schiff stürzte und rollte, aber leicht und auf eine schwebende, abhebende Art, die bewies, dass es mit dem Wind nach achtern segelte. Colledge saß mit über die Kante gehängten Beinen in seiner Koje und blickte mich nachdenklich an.

„Wach?“, rief er.

„Ja“, sagte ich.

„Heute Morgen war schönes Wetter, Dugdale . Aber schütze uns, was für eine Nacht wir hinter uns haben, hey? Erinnerst du dich, *wie wir von* der Reise gesprochen haben ? Gestern war es wirklich lustig."

Ich sprang aus dem Bett. „Geduld, mein Freund, Geduld!" sagte ich . „Diese Reise wird enden, wie alles andere in unserer Welt."

„Ja, auf dem Meeresgrund, das weiß man nicht", brummelte er. „Ein Stück Land vor zwanzigtausend Morgen Schiffsfläche, sage ich. Übrigens, Sie und Miss Temple sahen sehr glücklich aus, als ich gestern auf Wunsch ihrer Tante aus der Luke guckte, um zu sehen, was aus ihr geworden war."

„Sie hätten etwas früher durch das Deck steigen sollen", sagte ich. „Dort hätten Sie sie hängend gefunden."

„Erhängen!", rief er.

„Oh, nicht am Hals", sagte ich.

'Was hast du gemacht?'

„Ich habe sie gerettet. Ich packte sie an der Taille und trug sie ruhmreich zu einem Hühnerstall."

„Haben Sie Ihre Arme um ihre Taille gelegt?", sagte er und starrte mich an.

„Das habe ich", rief ich aus.

Er sah ein wenig düster aus. Dann hellte sich seine Miene auf und er sagte: „Nun, ich schätze, Sie *mussten* es tun – eine reine Notwendigkeit, Dugdale ?"

Ich schloss ein Auge und lächelte ihn an.

„Sie ist eine sehr feine Frau", sagte er und blickte mich wieder düster an. „Sie waren doch nicht so indiskret, ihr zu sagen, dass ich verlobt bin?"

„Oh, mein lieber Colledge , lassen Sie uns *nicht spaßen – lassen Sie uns nicht* spaßen!", sagte ich. „Sie sind kaum der Gefahr entgangen, von Piraten geentert zu werden – der Chance, von einem riesigen Piraten geköpft zu werden – vom Blitz getroffen zu werden – mitten in der Nacht auf diesem Schiff zu sinken, wenn Ihre Gedanken mit Zirkusgeschwindigkeit wieder zu den Damen wandern und Ihr Mund voller leidenschaftlicher Fragen ist. Wo ist Ihre Dankbarkeit für diese haarscharfen Fluchten?" und da ich inzwischen fit für mein Morgenbad war, stürzte ich laut lachend aus der Kabine und war taub für seinen Ruf: „Aber sagen Sie mir, *haben* Sie ihr gesagt, dass ich verlobt bin?"

Der Ozean bot einen großartigen Anblick. Der Wind wehte noch immer frisch, aber da das Schiff mit ihm segelte, schien er ohne viel Gewicht zu sein. Das Meer strömte in langen, hohen Wogen von erstaunlicher Fülle und

Brillanz des Blaus, und weit und breit blitzten ihre schäumenden Köpfe in einem strahlenden Weiß im Sonnenlicht auf, das einen herrlichen Kontrast zu den langen, dunklen Hängen des ungebrochenen Wassers bildete. Von Meereslinie zu Meereslinie war der Himmel mit Wolken von majestätischer Masse und erhabener, schwellender Form bedeckt, die teilweise so weiß waren wie der Schaum, der unter ihnen brach, und mit vielen Regenbögen in ihren Röcken und einem zarten violetten Schattierung in der Mitte , die ihnen, als sie über den Horizont schwebten, den Anschein gaben, als streiften sie die strömenden Meere. Der Ostindienfahrer donnerte unter vollen Mars- und Bramsegeln hindurch, rollte mit der Pracht eines Linienschiffs, während er seinen schweren Bug rhythmisch beugte, bis das Wasser bis zur Linie seiner Vorschiffreling kochte und sein Deck vorne so flach wie ein Löffel in der blendenden Hitze zu liegen schien.

Ich sah Mr. Prance auf dem Achterdeck, und nachdem ich gebadet hatte, ging ich nach achtern, um ihn zu begrüßen.

„Das Schiff scheint das Chaos der letzten Nacht unbeschadet überstanden zu haben", sagte ich.

„Es war ein richtiger Wind", antwortete er; „außer dem Großmarssegel hat nichts gelitten . Die *Countess Ida ist* ein ordentliches Schiff, Mr. Dugdale . Diejenigen, die sie zusammengebaut haben, haben alles berücksichtigt, sogar die Ratten. Ich weiß, dass einige Schiffe in dem gestrigen Sturm nur noch Körbe waren. Aber heute Morgen war im Brunnen der *Countess* kein Zoll mehr Wasser, als in einem Fluss in 24 Stunden abfließen würde."

„Und die Brigg, Mr. Prance? Ich glaube, Miss Temple und ich waren die beiden, die sie zum letzten Mal gesehen haben."

„Nein. Kapitän Keeling hat sie erspäht, als sie unter unserem Heck durchfuhr", sagte er. „Sie stand in Flammen, und ich schätze, ihr schöner Rumpf – und er war wirklich schön, Mr. Dugdale – wird inzwischen irgendwo hier in der Nähe durch ein paar verkohlte Fragmente zu sehen sein."

„Oder", sagte ich, „selbst wenn man annimmt, dass sie das Feuer löschen konnten, Mr. Prance, würde ihr einziger Mast mit dem größten Teil des schweren Korbes oben dem Hurrikan nicht sehr lange standhalten. Also wird sie entweder nur noch aus ein paar geschwärzten Dauben bestehen, wie Sie sagen, oder aus einem eisernen Rumpf. Und ihre Leute?"

„Ah", rief der Erste Offizier und holte tief Luft, „es sind achtzig bis hundert, das gebe ich zu. Kein von sterblichen Händen zusammengebautes Boot hätte die letzte Nacht überlebt. Aber bei Gott, es würde einen Harlekin nachdenklich machen, wenn er sich vorstellt, dass eine solche Schiffsladung Seelen, wie sie diese Brigg transportierte, in eiligst zu bloßen Kadavern zerfallen ist, damit die Kliesche der Tiefsee sie riechen und der schielende Kabeljau des Atlantiks daran knabbern kann."

„Jetzt mal ehrlich, Mr. Prance – glauben Sie wirklich, dass an diesem Brigg irgendetwas mit einem Piraten zu tun hatte?"

„Ehrlich, Mr. Dugdale , das tue ich, Sir. Und ich hege nicht den geringsten Zweifel daran, dass ihre Leute uns in die Schranken gewiesen hätten, wenn das Wetter anders verlaufen wäre, wenn eine Brise zum Segeln aufgekommen wäre oder das Wasser ruhig genug für eine Bootsfahrt gewesen wäre. Mit großer Wahrscheinlichkeit hätten sie uns verstümmelt und ausgeplündert, um nichts weiter zu sagen."

Hier läutete die Frühstücksglocke und ich eilte in die Kabine, um meine Toilette für den Tisch fertigzumachen.

An Gesprächen mangelte es heute Morgen nicht, als die Passagiere ihre Plätze eingenommen hatten. Die Sorgen des vorangegangenen Tages und der vorangegangenen Nacht schienen die purpurne Farbe von Keelings Gesicht nur noch vertieft zu haben, und sein Gesicht sah aus wie der Nordwestmond im Nebel zwischen den hohen Spitzen seiner Hemdkragen, als er seine aufgespießte Gestalt von einer Seite auf die andere drehte, Fragen beantwortete, auf Glückwünsche grinste und sich vor den „Guten Morgen, Kapitän" verbeugte, die die Damen auf ihn niederprasselten. Mr. Johnson kam mit einem blauen Auge an den Tisch, und Dr. Hemmeridges Stirn war ordentlich mit einem riesigen Streifen seines eigenen Heftpflasters bedeckt , was in beiden Fällen darauf zurückzuführen war, dass die Herren in der Nacht aus ihren Kojen gefallen waren. Colonel Bannister hatte sich ein Handgelenk verstaucht, und der Schmerz machte seine Bemerkungen ungewöhnlich rachsüchtig und aggressiv. Das Wetter war den Damen anscheinend nicht sehr wohlgesonnen. Mrs. Hudson erschien mit leicht schief sitzender Perücke und ihre Tochter sah aus, als wäre sie seit einer Woche nicht im Bett gewesen. Tatsächlich war es schwer zu erkennen , dass die blasse, geistlose junge Dame mit den schweren violetten Augen, die träge durch ihre langen Wimpern blickten, die den dunklen Schatten in den Vertiefungen unter ihnen noch vertieften, das goldene, strahlende , lachende, kokette junge Geschöpf vom Vormittag war .

Ich hatte mir zumindest eine Verbeugung von Miss Temple zugesichert, aber ich konnte nicht einmal einen Blick von ihr erhaschen. Dennoch war sie sehr entspannt und lächelte, wenn sie sich gelegentlich mit Colledge über den Tisch hinweg unterhielt. Sie schien die einzige Frau zu sein, die unter den gewalttätigen Vorfällen der vergangenen Nacht nicht gelitten hatte. In ihrer makellosen Erscheinung, was ihre Frisur, ihre Kleidung und dergleichen anging, hätte sie aus ihrem Schlafzimmer an Land gehen können, nachdem sie ein paar Stunden mit ihrer Zofe vor einem Spiegel verbracht hatte. Nicht einmal ein Blick für mich, dachte ich! Nicht einmal eines dieser kalten, schnell verblassenden Lächeln, mit denen sie den Gruß eines Nachbarn oder einen Satz vom Kapitän entgegennahm !

Ich war dumm genug, mich gekränkt zu fühlen – kurz gesagt, einen Wutanfall zu erleiden, der mich beinahe in einen hässlichen Streit mit Mr. Johnson verwickelt hätte.

„ Wissen Sie , ich wünschte *jetzt eher* ", sagte dieser Journalist und wandte sich an uns alle am einen Ende des Tisches, aber mit einem vorsichtigen Tonfall, als wolle er nicht, dass der Oberst ihn hörte, „dass diese Brigg uns gestern angegriffen *hätte* . Das hätte mir Gelegenheit zu einer sehr bemerkenswerten Seebeschreibung gegeben."

„Pst!", sagte ich höhnisch. „Bevor ein Mensch etwas beschreiben kann, muss er es sehen. Und was hätten *Sie* gesehen?"

„Gesehen, Sir?", rief er. „Na, alles, was passiert sein könnte, Sir."

„Vielleicht bei den Ratten unten im Laderaum. *Da ist nichts weiter zu sehen* , es sei denn, es ist Bilgenwasser ."

" Gut !" rief Mynheer Hemskirk . „Es würde Wie war es, als ich mich kämpfte Meester Shonsons Beschreibung mit der Realität .‘

„Ich bitte Sie, meinen Mut nicht in Frage zu stellen", sagte Mr. Johnson und sah mich mit einem Gesicht an, dessen Blässe durch sein blaues Auge nicht wenig betont wurde . „Ich glaube, wenn es um den Kratzer ginge, wäre ich genauso gut wie jeder andere. *Sie* hätten natürlich gekämpft", fügte er mit einem sarkastischen Grinsen hinzu.

„Ja, ich hätte damals gekämpft, genauso wie ich jetzt zum Kämpfen bereit bin", sagte ich und sah ihn an.

„Meine Herren, meine Herren", rief Mr. Prance mit gedämpfter, tadelnder Stimme, „die Damen werden Sie gleich anhören."

„Sie sind Seemann gewesen, Dugdale , wissen Sie", bemerkte Mr. Emmett in satirischem Ton, „und hätten daher gestern erraten können, dass es sich bei der Brigg entweder um ein harmloses Handelsschiff handelte oder dass sie uns, vorausgesetzt, sie war ein Piratenschiff, nicht angreifen würde."

„Und was dann?" rief ich und musterte ihn hitzig.

„Nun", sagte er mit einem albernen Grinsen, „natürlich könnte man unter diesen Umständen eine hohe Auszeichnung für Heldentum sehr billig verdienen."

Johnson lehnte sich in seinem Stuhl zurück und lachte laut los. Sein Stuhl war ein feststehendes Drehgestell, und sein eins der geschraubten Beine war während der Nacht möglicherweise beschädigt worden . Wie dem auch sei, als der Journalist sich nach hinten warf und laut applaudierte, als sein Freund Emmett mich mit einem satirischen Schlag über mich ansprach, brach der Stuhl zusammen, und er fiel mit ihm nach hinten, in der einen Hand ein Messer und in der anderen eine Gabel. Old Keeling sprang auf; die Stewards stürzten auf den am Boden liegenden Mann zu. Die Damen , die in der Nähe waren, rafften ihre Kleider zusammen, während sie zusahen, wie er versuchte, sich aus dem Stuhl zu befreien, in dem seine Hüften irgendwie eingeklemmt waren. Ich für meinen Teil war froh genug, nach dem Frühstück und halb erstickt vor Lachen an Deck zu rennen. Tatsächlich hatte mich die Katastrophe beruhigt, und ich konnte dankbar für diesen Vorfall sein, denn eins führte zum anderen, und man konnte nicht abschätzen, ob es zwischen dem Journalisten und mir auch zu Handgreiflichkeiten gekommen wäre, als wir nebeneinander saßen.

Er und Emmett haben mich für den Rest des Tages ausgelassen. Ich selbst war die meiste Zeit mürrisch. Ich verbrachte den ganzen Morgen auf dem Vorschiff, rauchte eine Pfeife nach der anderen in den „Augen" des Schiffes und plauderte bruchstückhaft mit dem Bootsmann, der sich Ausreden einfallen ließ, um ins „Kopfteil" zu kommen und sich kurz mit mir zu unterhalten, während er durch seine Haltung und Bewegungen dem Blick, der vom Achterdeck aus zusah, einen geschäftsmäßigen Anstrich verlieh.

Ich wollte mir nicht eingestehen, dass meine mürrische Stimmung an diesem Tag Miss Temple zuzuschreiben war; aber insgeheim war ich mir durchaus bewusst, dass meine Laune ihr zuzuschreiben war, und allein die Wahrnehmung davon war ein neuer Ärger für mich. Denn was bedeutete mir diese junge Dame ? Was konnte ihre Kühle, ihre Unverschämtheit, ihre kalte und schneidende Missachtung mir gegenüber bedeuten? Wir hatten kaum ein Dutzend Worte gewechselt, seit wir die Themse verlassen hatten. Obwohl meine Bewunderung für ihre schöne Figur, ihr hochmütiges Gesicht, ihre dunklen, tragischen, leidenschaftlichen Augen außergewöhnlich groß war, blieb sie verborgen; sie hatte sie nicht erraten; und sie hatte daher nicht den Einfluss auf meine Stimmungen und Gefühle, den sie vielleicht gehabt hätte, wenn ich gewusst hätte, dass sie sich bewusst war, wie sehr sie mich faszinierte. Sie gab mir nicht einmal eine Chance, sie gründlich zu hassen . Das Herz kann bei einer Frau wie ihr keinen Mittelweg einschlagen. Hätte ihr Verhalten mich dazu befähigt, sie zu hassen, hätte ich mich wohl gefühlt; aber ihr Benehmen war von der marmornen Qualität ihrer Gesichtszüge geprägt, hart und glatt und zu glatt, als dass die Leidenschaften darauf Fuß fassen konnten . „Pah!", dachte ich immer wieder, während ich heftig die Asche aus dem Kopf meiner Pfeife auf der Reling des Vorschiffs hämmerte, „bin ich nicht ein Idiot, so an jene Frau dort zu denken, über sie zu grübeln, über sie zu spekulieren – eine Person, die mir absolut ebenso fremd ist wie jede feine Dame, die in einem Londoner Park an mir vorbeifährt!" Und doch ertappte ich mich wiederholt dabei, wie ich verstohlene Blicke auf sie erhaschte, während sie mit Mr. Colledge auf dem Achterdeck auf und ab ging oder eine Weile stehen blieb, um sich mit ihrer Tante und Kapitän Keeling zu unterhalten. Die Vornehmheit ihrer Gestalt und die erhabene Würde ihres Auftretens waren aus dieser Entfernung für mich deutlich zu erkennen und hoben sie deutlich von den übrigen Leuten ab, die schwankend und verstreut auf dem Deck herumlungerten.

Gegen Mittag ließ der Wind nach; die feine Segelbrise ließ nach und wurde zu einem leichten Luftzug von Backbordseite; die Dünung des Meeres ließ nach, aber die Farbe des Salzwassers war noch immer dasselbe reiche, funkelnde Blau wie am frühen Morgen. Noch nie hatte ich in diesen Breitengraden einen so tiefen, reinen und schönen Farbton im Ozean gesehen. Es ließ einen an die Breitengrade von Kap Hoorn denken, mit der tief stehenden weißen Sonne und einem Schimmer von Eis im fernen saphirblauen Süden. Die großen, cremefarbenen, regenbogenfarbenen Wolkenmassen schmolzen dahin, und um zwei Uhr nachmittags war es ein wahrer Tag der Äquinoktialzeit, und der Ostindienfahrer bot ein heißes tropisches Bild, die Markisen waren ausgebreitet, die Pechschicht wurde zwischen den Nähten weicher, eine Art bläulicher, dampfender Dunst schwebte träge von der Linie der Reling, durch die die dunkle Meeresgrenze in einem schwülen, gewundenen Horizont zu sehen war. Das Schiff segelte hindurch, bis an die Vorderkanten mit Tüchern bekleidet, die im heißen Mittagslicht silbrig weiß wie Sterne glänzten. Die Ayahs räkelten sich auf dem Achterdeck , und John Chinaman saß auf einer Karronade und quälte das Baby, das er hielt, indem er es hin und her warf, so dass es vor Lachen und Wut quietschte. Die alte Sau grunzte mit einem ernsten, grabenden Geräusch unter dem Langboot , und vorn und hinten schwoll die Kehle jedes Hahns im Schiff mit trotzigem Schönwetterkrähen an .

Es war ungefähr drei Glockenschläge an diesem Abend – halb acht –, als ich mit Mr. Prance an der Messingreling stand, die die Heckklappe schützte. Wir beide lehnten uns daran und beobachteten einen grinsenden, haarigen Kerl, der etwas hinter dem verstauten Anker auf dem Vorschiff auf einem Hornpipe herumtanzte. Der einäugige Affe, den wir gerettet hatten und der inzwischen zum Liebling der Seeleute geworden war, saß tief in den Vorwanten und beobachtete den tanzenden Matrosen – ein seltsamer Farbtupfer für das Bild des Vorderteils des Schiffes, der in eine rote Jacke und eine Kappe wie ein umgedrehter Blumentopf gekleidet war, deren Quaste in seine leere Fassung hing. Es war ein vollkommener Abend auf dem Meer, der Westen leuchtete herrlich in einem scharlachroten Sonnenuntergang, das Meer wogte sanft, ein sanfter, warmer Lufthauch hielt die leichteren Segel ruhig oben. Alle Passagiere waren an Deck, außer Miss Temple, die in der Kajüte für sich Klavier spielte. In der Nische direkt unter mir saßen drei oder vier Raucher. Und die Stimme von Mr. Hodder, der sich gerade in einem Streit mit Mynheer Peter Hemskirk erhitzte , mischte sich mit unangenehm beunruhigender Betonung in das zarte Konzert der Klänge der Geiger vorn, das gelegentliche Lachen der Seeleute, das Geklimper im Salon, die Stimmen der Damen achtern und das sanfte Plätschern des Wassers nebenan, und alles vermischte sich, gemildert durch die Entfernung und die Weite, in der das Schiff schwamm, zu einer Art Musik.

Ich war gerade mitten in einem netten Gespräch mit Mr. Prance, während wir über der Reling hingen und halb den tänzelnden Kerl vorn beobachteten, halb einander zuhörten. Er erzählte von einigen seiner frühen Erlebnisse auf See, wobei er plötzlich in sentimentale Stimmung verfiel, wenn er den Namen eines Mädchens hörte, mit dem er verlobt war .

Ganz plötzlich verstummte die Musik vorn. Der Geiger, der an den Auslegern arbeitete , sprang auf und spähte in der Haltung eines Mannes, der einen seltsamen Geruch schnüffelt, nach unten. Der Kerl, der tanzte, blieb stehen und schaute ebenfalls, ging zur Kante des Vorschiffs und neigte sein Ohr, wie es schien, zur vorderen Luke. Er starrte zu der Menge seiner Schiffskameraden, die ihn beobachtet hatten, und sagte etwas, und eine Gruppe von ihnen kam zu ihm und blieb stehen und starrte. Als die Luvklampe des Großsegels gehisst wurde , war alles, was vorn passierte, für diejenigen, die achtern waren, deutlich sichtbar.

„Was ist denn da los?", rief Mr. Prance plötzlich, unterbrach seine Rede und warf einen seiner Falkenblicke zum Vorschiff. „Die Pose dieses Geigenjungen könnte einen glauben lassen, er hätte irgendwo in der Nähe Cholera gerochen ."

Ein Bootsmannsmaat kam die Vorschiffsleiter herunter und ging zur Vorderluke, wo er innehielt. Dann blickte er nach achtern, ging mit schnellen Schritten geradewegs zum Achterdeck und stieg die Achterschiffsleiter hinauf. Er blieb stehen, als sein Kopf auf gleicher Höhe mit dem Oberdeck war.

„Was ist los?", rief Mr. Prance.

Der Kerl antwortete mit leiser Stimme, die nur der Erste Offizier und ich hörten: „Vorne riecht es nach Feuer, Sir, und es ist ein Geräusch zu hören, als ob jemand an die Luke klopft."

„Es riecht nach Feuer!", rief der Maat, und rasch, jedoch unter Beibehaltung seiner ruhigen Haltung, stieg er zum Achterdeck hinab und ging nach vorne. Ich hatte mich schon vor langer Zeit von allen Teilen des Schiffes befreit und vermutete daher, dass ich, wenn ich dem Maat folgte, weder

Aufmerksamkeit erregen noch einer Angelegenheit Bedeutung verleihen würde, die sich als Fehlalarm herausstellen könnte. Als er die Luke erreichte, war ich an seiner Seite. Der Bootsmann und der Segelmacher kamen aus ihren Kabinen, einige Seeleute verließen das Vorschiff, um sich uns anzuschließen, und der Rest versammelte sich am Rand des erhöhten Decks und schaute hinunter. Die vordere Luke war ein großes Quadrat, das durch eine Abdeckung geschützt war, die in Stücken angehoben werden konnte. Eine Plane war darüber gespannt und mit Latteneisen befestigt, um sie festzuhalten, denn diese Luke wurde auf See selten oder nie betreten, da die Ladung höchstwahrscheinlich bündig damit abschloss.

Ich hatte kaum einen Augenblick in der Atmosphäre dieser Luke gestanden, als ich einen schwachen Brandgeruch wahrnahm, der jedoch zu subtil war, um von einer nicht besonders feinen Nase wahrgenommen zu werden . Als ich schnüffelte, um mich zu vergewissern, ertönte ein hohles, dumpfes Klopfgeräusch, deutlich und unverkennbar von jemandem verursacht , der direkt unter der Luke mit einem schweren Gegenstand darauf schlug. Mr. Prance hing ein oder zwei Sekunden im Wind, schnüffelte und lauschte mit dem Gesichtsausdruck eines Menschen, der seine Sinne missachtet.

„Aber", rief er, „da unten *ist* jemand, und – und" – Dabei schnupperte er laut und viel zu energisch, wie mir schien , um die schwachen Dämpfe schmecken zu können. „Zimmermann", rief er dem verwitterten alten Schotten zu, der aus der Menge der Zuschauer kam, „machen Sie diese Luke frei und heben Sie die Abdeckung an – schnell, aber *leise* , wenn es Ihnen recht ist."

Er blickte streng zu den Männern umher und warf dann einen hastigen Blick nach achtern, wo Kapitän Keeling mit Mrs. Radcliffe am Arm an der Stelle stand, die wir gerade verlassen hatten.

Die Latten wurden flink gezogen, die Plane beiseite geworfen und einige Seeleute bückten sich, um den Lukendeckel anzuheben. Einige Sekunden vergingen mit dem Aufhebeln und Manövrieren , währenddessen wiederholte sich das Klopfen mit einem heftigen Unterton, begleitet von einem allgemeinen Aufschrecken und einem erstaunten Knurren aller Leute.

„Heave!", schrie der Zimmermann, und die Abdeckung kam hoch, gefolgt von einer kleinen Wolke blauen Rauchs und gleich darauf der Gestalt des abscheulichen Matrosen Crabb , der mit einem lauten Fluch und einem fürchterlichen Hustenanfall von einer Reihe weißer Holzkisten aufsprang.

KAPITEL XIV
CRABB

DIE Atmosphäre war noch immer rot vom Sonnenuntergang, obwohl das Licht bereits unter dem Horizont stand und es genug Licht zum Sehen gab. Ein außergewöhnlicher Schrei erhob sich unter den Männern, als sie Crabb sahen , der aus der Luke inmitten der kleinen Rauchwolke sprang. Diejenigen, die sich auf der Seite des Decks befanden, auf die er gesprungen war, wichen mit einem lauten Gebrüll des Entsetzens und der Angst zurück, ein oder zwei von ihnen kenterten und rollten immer wieder von der Luke weg, als hätten sie es zu eilig zu entkommen, als dass sie noch Zeit hätten, auf die Beine zu kommen.

Ich erinnere mich noch genau, wie mir das Blut aus den Wangen wich, während mir das Herz stockte und ich bei der Erscheinung des Kerls nur noch schwer atmen konnte. *Crabb !* Ich hatte ihn doch tot in seiner Koje liegen *sehen* ! Ich hatte gehört, dass er eingenäht in einer Hängematte auf genau dieser Vorderluke lag! Ich hatte gesehen, wie dieselbe Hängematte über Bord schoss, und ich hatte beobachtet, wie sie sich hob und nach achtern davonflog! Wer war denn dieses abscheuliche Geschöpf, das wie ein Kobold aus dem Laderaum gesprungen war? Konnte es der begrabene Crabb selbst sein?

Es gibt in dieser Welt keinen Mangel an Dingen, mit denen man Menschen erschrecken kann; aber ich kann mir keinen Schock vorstellen, der mit der augenblicklichen Bestürzung vergleichbar wäre, die ein Mensch empfindet, wenn er einem anderen begegnet, dessen Tod er zutiefst sicher ist und den er seit vielen Tagen als eine Leiche betrachtet, tot und begraben. Das allgemeine Entsetzen, das ungeheure allgemeine Erstaunen, das den Maat und mich und andere unter uns sprachlos und bewegungslos machte, als wären wir von einem elektrischen Blitz vom Himmel getroffen und verdorrt worden, dauerte kaum eine Minute; doch diese Handvoll Sekunden waren das Bild dieses erstaunlichen Vorfalls. Ich sehe Crabb jetzt, wie er seinen Arm vom Gesicht fallen ließ, als sein erstickender Hustenanfall aufhörte; und ich erinnere mich an den blinden, wilden Blick seiner verzerrten Augen, als er langsam sein Gesicht drehte, als ob das milde Abendlicht seine Sicht nach den Tagen der Dunkelheit im Laderaum heftig bedrückte. Sein abstoßendes Gesicht war dunkel von Schmutz und Ruß. Ich bemerkte viele Kratzer an seinen Armen, die bis zu den Ellbogen nackt waren, als hätte er gerade durch hässliche, gezackte Verwicklungen verstauter Waren gequetscht und gebohrt. Sein Hemd hing in Lumpen an ihm herunter; seine weiten Hosen hatten viele Risse; und auf seiner bloßen Brust war Blut, von einer Wunde, die anscheinend von der Spitze eines Nagels oder der Kante eines eisenummantelten Kastens verursacht worden war.

„Nehmen Sie den Mann fest, Bootsmann ", brüllte Mr. Prance plötzlich und sprang aus seiner Starre auf, so dass man an einen Bullen denken musste, der durch eine Hecke rast. „Legen Sie ihm Handschellen an und sperren Sie ihn vorläufig in Ihre Koje. Bringen Sie die Pumpe an und reichen Sie den Schlauch weiter. Springen Sie nach den Eimern und halten Sie sich bereit, um sie hinunterzureichen."

Die kräftige Hand des Bootsmanns schloss sich wie ein Schraubstock um Crabbs Hals. Ich glaubte, einen Kampf zu sehen, aber der hässliche Matrose schien schwach und benommen und ging passiv zur Bootsmannskoje, in die mein Freund ihn schoss. Er folgte ihm und schloss die Tür, um, wie ich annehme, die Fesselung des Mannes vor den Augen des halb betäubten Jacks zu verbergen.

Halb benommen , sage ich: aber die Befehle des Maat klangen wie das Schwingen eines Zauberstabs über jedem Mann. Auf Befehl des Ersten Offiziers folgte ein stürmischer Ansturm, wenn auch mit einer gewissen Disziplin in der Eile. Rauch strömte durch die offene Luke, stieg dünn und träge auf, obwohl es einem den Atem anhalten ließ, nicht wissend, dass das nächste Erbrochene sich als dickere, dunklere Spirale erweisen könnte, mit einer blitzartigen Rötung der Basis bis zum Flackern einer tief unten liegenden Flammenzunge. Feuer auf See! Ach, großer Gott! Allein der Gedanke daran wird dem schnellsten Läufer die Seele in die trägesten und leblosesten Beine treiben.

Der Maat sprang auf die Kisten, die auf gleicher Höhe mit den unteren Rändern des Laderaums verstaut waren, und rief den Männern zu, ihm zu folgen. Der Innenraum war der vordere Teil des Zwischendecks, ein Stück vor dem Großmast abgetrennt und mit leichten, leicht zu handhabenden Gütern gefüllt. Die Luke zum Laderaum des Schiffes lag direkt unter diesen wenigen Tonnen Fracht geschlossen, in einer Linie mit dem gähnenden Quadrat, in das Mr. Prance gesprungen war. Wo war das Feuer? Wenn im unteren Laderaum, dann möge uns der Himmel helfen! Ich blickte nach achtern und sah, wie der Kapitän hastig nach vorne ging. Die Passagiere hatten sich in einer Menge versammelt und starrten mit bleichen Gesichtern vom oberen Ende der Achterkajüteleiter. Der alte Keeling blieb vollkommen ruhig. Er stellte keine Fragen, machte kein Aufhebens, kam einfach zur Seite der Luke, sah Mr. Prance und eine Gruppe von Männern bei der Arbeit, die Ladung auszuladen, und blieb stehen und beobachtete sie, ohne die Arbeit der Leute durch eine Frage zu behindern. Sein scharfes , seewärts gerichtetes Auge nahm alles in einem Atemzug auf. Man brauchte nur sein Gesicht anzusehen, um *das zu erkennen* . Die Gelassenheit des feinen alten Kerls hatte einen großartigen Einfluss. In unglaublich kurzer Zeit, während der Kapitän kein einziges Wort sprach, war die Hauptpumpe aufgebaut, der Schlauch war gespannt und bereit, eine Anzahl von Matrosen standen in Reihen mit

Eimern bereit, um Wasser zu holen und es so schnell wie möglich zur Luke zu bringen. Ich kann nicht in Worte fassen, wie wunderbar ermutigend dieses Schweigen allein das Herz war. Der Kapitän vertraute seinem Ersten Offizier, sah, dass dieser genau wusste, was zu tun war, und stand als Zuschauer daneben und warf nur einen Blick der Anerkennung auf seine ruhigen, entschlossenen, tief atmenden Reihen von Matrosen, die auf Befehle warteten.

Als er einmal sein purpurfarbenes Gesicht drehte und sah, wie Mr. Johnson, Mr. Emmett und ein oder zwei andere nervös nach vorn drängten, winkte er mit dem langen Zeigefinger einem Bootsmannsmaat zu und sagte leise: „Bringen Sie diese Herren nach achtern auf das Achterdeck und sorgen Sie dafür, dass keiner der Passagiere es verlässt." Er sah mich einmal an, sagte aber nichts, vielleicht, weil er mich beim Ankommen beobachtet hatte.

So ruhig, als ob es sich lediglich um das Herausbrechen einiger Kisten mit dem Gepäck der Passagiere gehandelt hätte, wurde die Arbeit zur Entfernung der Ladung, um an das Feuer heranzukommen, fortgesetzt. Der Rauch stieg weiterhin schleichend auf. Den Inhalt der Kisten kenne ich nicht, aber sie waren leicht genug, um mühelos angehoben zu werden . Einige von ihnen wurden an Deck gebracht. Der Maat und Mr. Cocker – der kurz nach der Ankunft des Kapitäns aus seiner Kabine gekommen war – führten die Arbeitergruppe an und verschwanden rasch in den Gassen, die sie freimachten.

„Hier ist es!", ertönte schließlich ein gedämpfter Ruf.

Mr. Cocker kam wie eine Ratte aus einem dunklen Loch hervor, und der Schweiß strömte ihm in Strömen, als hätte man ihm einen Eimer Öl über den Kopf gekippt. Er rief laut, der Schlauch müsse überholt und die Pumpe in Betrieb genommen werden.

„Haben Sie das Feuer entdeckt, Sir?", fragte der Kapitän und rief ihm mit so gefasster Stimme zu, als würde er einen Passagier bitten, Wein mitzunehmen.

„Ja, Sir. Es ist eine kleine Angelegenheit. Der Schlauch wird genügen, denke ich, Sir."

Einen Augenblick später war das Klappern der Pumpe zu hören, zusammen mit dem Geräusch von stetig sprudelndem Wasser, gefolgt von einer Dampfwolke, die schnell verschwand. Eine Viertelstunde später kam der Maat schwarz wie ein Schornsteinfeger wieder hoch. Er tippte an seine Mütze vor dem Kapitän und sagte nur: „Das Feuer ist aus, Sir."

„Was war es, Mr. Prance?"

„Ein Ballen Decken, Sir."

„Können Sie erraten, wie es entstanden ist?“

„Ich nehme an, dass der Mann Crabb …“, begann der Maat.

Der Kapitän erschrak und starrte.

„Der Mann Crabb “, fuhr Mr. Prance fort, „den wir für tot und begraben hielten, Sir, hat sich im Laderaum herumgetrieben“ – der alte Keeling runzelte erstaunt die Stirn – „und ich bin überzeugt, dass er den Ballen abgefeuert hat, während er seine Pfeife anzündete.“

„ Crabb im Laderaum!“ rief der Kapitän . „Sprechen Sie von dem Mann, den wir begraben haben, Sir?“

„Das Gleiche, Sir“, antwortete Mr. Prance.

Der alte Keeling starrte mit offenem Mund um sich. „Aber er ist gestorben, Sir, und wurde begraben“, rief er aus. „Ich habe die Trauerrede über ihn gelesen und sah, Sir – Mr. Prance, ich *sah* mit eigenen Augen, wie die Hängematte vom Gitter fiel, nachdem es gekippt worden war.“

Der Erste Offizier antwortete etwas, was ich jedoch aufgrund des Lärms unter den Männern, die sich noch im Laderaum befanden, und des Gerede der Matrosen in der Umgebung nicht verstand . Dann ging er zur Koje des Bootsmanns, gefolgt vom Kapitän, dessen Augen als Beweis dafür dienen konnten, dass der Crabb , der in einer Rauchwolke aus der Vorderluke gesprungen war, derselbe Crabb war , der einige Wochen zuvor feierlich über der Schiffswand begraben worden war.

Mr. Cocker kam zappelnd aus dem Laderaum und stieg neben mir auf das Deck, um die Verladung der herausgebrochenen Waren zu beaufsichtigen.

„Ist das Feuer aus?“, fragte ich.

„Schwarz“, antwortete er. „Es war kein Feuer, Mr. Dugdale , um ehrlich zu sein . Ein Ballen Decken oder ähnliches Zeug schwelte ungefähr im Umfang eines Fünf-Schilling-Stücks – ein kleiner Ring, der sich langsam nach innen fraß, aber genug Rauch ausstieß, um einen Vulkan als Bühnenszene zu erzeugen. Ein scheußlicher Gestank! Ganz zu schweigen davon, dass manches von dem Zeug dort unten so schwarz wurde wie die Bürsten eines Schuhputzers.“ Dabei sah er auf seine Handflächen, die nur ein wenig schmutziger waren als sein Gesicht. – „Aber was höre ich da über Crabb ? Ist der tote Seemann wieder lebendig geworden?“

„Er ist dort drüben“, sagte ich und nickte in Richtung der Bootsmannskoje, die der Kapitän und sein Maat betreten hatten, und schloss die Tür hinter ihnen: „Sie müssen es selbst sehen, um es zu glauben. Es gab Zeiten, da war ein Mann, der mit einer Kanonenkugel vor seinen Füßen über die Bordwand geworfen wurde, so tot, als hätte er das Gehirn rausgehauen. Erinnern Sie sich , Mr. Cocker, wie diese Hängematte nach achtern trieb, als wäre darin nicht mehr als ein toter Seemann, sondern mehr als nichts? Darauf können Sie sich verlassen, hier muss ein teuflischer, heimlicher Plan im Gange gewesen sein. Vielleicht finden wir noch heraus, dass das Schiff nicht versenkt wurde, weil der hässliche Schurke keine Zeit hatte, durch die untere Luke zu stechen, bevor er das Schiff in Brand steckte."

„Aber er war ein toter Mann, Sir. Hemmeridge hat ihn tot gesehen", rief Cocker und musterte mich mit unnachahmlichem Erstaunen.

„Ja", sagte ich, „tot wie die Knochen einer Mumie. Aber er ist trotzdem *da* ", fügte ich hinzu und zeigte auf die Vorschiffskabine, „so lebendig wie Sie oder ich, und ich vermute, er kann nach einer Weile sogar noch strampeln."

In diesem Moment steckte der Maat seinen Kopf aus der Koje des Bootsmanns und rief nach Mr. Cocker, auf dem ich gemächlich nach achtern ging, wobei mein Erstaunen immer mehr zunahm und ich kaum fassen konnte, was ich tatsächlich gesehen hatte.

Die Passagiere drängten sich noch immer im vorderen Teil des Achterdecks, spähten und unterhielten sich eifrig, wenn auch mit gedämpfter Stimme. Colonel Bannister ging wütend zwischen ihnen hin und her, und der Bootsmannsmaat bewachte das Fußende der Leiter.

„Oh, Mr. Dugdale ", rief Mrs. Radcliffe, beugte sich über die Reling und schrie ihre Frage mit einer pickenden Bewegung ihres Kopfes hinunter. „Ist das Feuer aus, wissen Sie es? Sind wir in Sicherheit?"

„Das Feuer *ist* aus, Madam", antwortete ich und lüftete meinen Hut. „Und das Schiff ist in diesem Moment so sicher wie nie zuvor auf der Themse. Kapitän Keeling wird, da bin ich mir sicher, in Kürze hier sein, um Sie zu beruhigen."

Miss Temple überragte ihre Tante um einen halben Kopf und blickte mit einem Ausdruck herrisch-fragender Miene auf mich herab. Die ganze Westseite war von einem glühenden Scharlachrot bedeckt, das jedoch so kräftig leuchtete, dass sich jedes Gesicht der Menge oben deutlich von dem zarten Schatten abhob, der sich von Osten her in die Luft stahl. Und ich konnte in dem vollen, dunklen, glühenden und unerschütterlichen Blick des Mädchens eine Begierde erkennen, die mir die Ehre eines Gesprächs mit ihr sicherte, wenn ich die Leiter hinaufsteigen wollte. Doch in diesem Moment kam Hemmeridge mit einem Anflug von Taumeln aus der Kajüte auf das Achterdeck. Seine Augen zeigten, dass er gerade erst aufgewacht war, und sein Haar zeigte, dass er in Eile aus seiner Kabine gerannt war.

„Sagen Sie mal, Dugdale ", rief er aus, „was ist denn los? Feuer, oder? Und
der Steward hat mir erzählt, dass Crabb zurückgekommen ist. Ist der Mann
verrückt geworden?"

„Es hat gebrannt", sagte ich, „und Crabb ist zurückgekommen."

Hier kam Cocker an Deck.

„Doktor, der Kapitän will Sie."

'Wo ist er?'

„Kommen Sie mit, ich bringe Sie zu ihm", sagte der zweite Maat, ließ seinen
Blick über Hemmeridges Gestalt gleiten und warf mir dabei einen
bedeutungsvollen Blick zu.

Sie gingen vorwärts, der Gang des Arztes war, wie mir schien, ein wenig
unsicher.

Ich ging zu meiner Koje, um etwas Tabak zu holen; ich blieb eine kurze Zeit
unten, und als ich zurückkam, war der letzte Hauch des Sonnenuntergangs
verschwunden. Der Westen war eine flüssige violette Dunkelheit, in der die
Sterne zitterten, und das Schiff schwebte durch die Dunkelheit der Nacht,
die in diesen Breitengraden dem scheidenden Tag schnell auf den Fersen
folgt. Kapitän Keeling war nach achtern gekommen und stand inmitten einer
Menge von Passagieren, beantwortete Fragen und beruhigte die Frauen, die
in ganzen Salven Fragen herausposaunten, ihre Stimmen zitterten und schrill
vor Nervosität waren. Mr. Prance, der Zeit gefunden hatte, sich zu waschen,
war an Deck und hatte das Kommando über das Schiff. Vorne war alles still.
Vor den Sternen funkelten die Linien der Vorschiffsreling unter dem Fuß
des Focksegels, das sich langsam hob und senkte, je weiter das Schiff wogte.
Ich konnte die Umrisse von Matrosen erkennen, die sich zu zweit und zu
dritt hierhin und dorthin bewegten. Ein gedämpftes, heiseres Stimmengewirr
drang aus der Dunkelheit rund um die Galeere und das Langboot , wo sich
eine Anzahl Männer versammelt hatten und zweifellos über das wundersame
Ereignis des Abends sprachen. Die glitzernden Lichter am Himmel
funkelten wie Tautropfen an den schwarzen Rändern der Masten und am
Ende der Rah; und trotz der Stimmen der Leute achtern und des Gemurmels
vorn war die Stille des Ozeans oben so groß, dass immer wieder das
Geräusch der zarten Nachtbrise, die leicht durch die visionären Räume der
Segel wehte, wie ein Seufzer ans Ohr drang.

„Ein spannendes Werk, Mr. Prance", sagte ich und trat an seine Seite, „von
Anfang bis Ende."

„Ja, natürlich", antwortete er. „Den Passagieren wird es nicht an Erlebnissen
mangeln, die sie erzählen können, wenn sie an Land kommen. Gestern und

heute ist genug Aufregendes passiert, um eine normale Reise durchzustehen, und wäre sie auch so lang wie die von Captain Cook."

„Was hat Hemmeridge zu dieser Sache mit Crabb zu sagen , wissen Sie das?", fragte ich.

„Sie behalten die Neuigkeit bitte für sich", antwortete er. „Aber ich kann *Ihnen ruhig sagen* , dass er verhaftet ist – das heißt, er muss sich selbst als verhaftet betrachten."

„Wozu?", fragte ich höchst erstaunt.

„Nun, Mr. Dugdale ", sagte er und sah sich langsam um, um sich zu vergewissern, dass die Luft rein war, „Sie können leicht erraten, dass diese Sache mit dem Schurken Crabb – einem alten Piraten, wie ich Ihnen erzählt habe – auf eine sehr tiefgründige Verschwörung hindeutet, auf eine grausam raffinierte Verschwörung."

„Das habe ich sofort vermutet", sagte ich.

„Der Kerl Crabb hat sich totgestellt", fuhr er fort. „Das muss eine Täuschung gewesen sein, sonst läge er dort nicht in Ketten. Sollen wir nun glauben, dass Hemmeridge kann nicht zwischen Tod und Leben unterscheiden? Er meldet dem Kapitän den Tod des Mannes. Der Kerl wird genäht; aber wie wir inzwischen herausgefunden haben, wird die Hängematte, die seine Überreste verbirgt, durch eine vorbereitete ersetzt, und wir vergraben vielleicht einen Holzklumpen. Ich glaube, das ist der Teil, den Kapitän Keeling am wenigsten mag. Er ist ein frommer alter Herr, und sein Entsetzen, als …" Er bremste sich mit einem Husten und einem Geräusch darüber, das wie ein unterdrücktes Lachen klang, als ob er sich in Gedanken einer Fantasie hingab, aber nicht zu offen sein durfte, da es der Kapitän war, über den er sprach.

„Man nimmt an", sagte ich, „dass Hemmeridge Crabb als tot hingestellt hat , obwohl er wusste, dass er noch am Leben war?" Er nickte. „Was war das für ein Plan?", fuhr ich fort und entschlüsselte die Wahrheit, die sich Stück für Stück in meinem Kopf herausbildete. „Natürlich Raub. Ja, Mr. Prance, das wird es gewesen sein. Crabb soll in den Laderaum geschmuggelt werden, wobei auf dem ganzen Schiff die Vorstellung herrscht, dass er tot und über Bord ist; und wenn er im Laderaum ist" – ich hielt inne.

„Nun", sagte er achselzuckend, „da ist der Postraum. Was noch? Darin befindet sich ein Paket Diamanten im Wert von siebzigtausend Pfund, ganz zu schweigen von Geld, Schmuck und anderen wertvollen Dingen."

„Beim Himmel! Hat irgendjemand jemals von einer solchen Verschwörung gehört?", rief ich. „Und Hemmeridge wird verdächtigt, einer der Verschwörer zu sein?"

„Wir werden sehen, wir werden sehen", antwortete er.

„Erzählen Sie mir nur, Mr. Prance", rief ich, gierig vor Neugier, „wer sind die anderen Beteiligten? Jemand muss Crabbs Überreste weggebracht haben."

„Der Segelmacher liegt in Ketten", sagte er.

„Ja! Ich hätte es schwören können! Warum muss mir die hohe Römernase dieses Kerls immer wieder in Erinnerung bleiben, wenn ich an das grässliche Bild denke, das Mr. Crabb abgab?"

Er zuckte leicht zusammen, und ich konnte sehen, wie er mich ernst musterte.

„Übrigens", rief er aus, „jetzt wo ich darüber nachdenke, hat Hemmeridge *Ihnen* Crabbs Leiche gezeigt , nicht wahr?"

„Das hat er sicherlich", antwortete ich.

„Gut, das gibt dem Doktor eine Chance", sagte er, als dächte er laut. Und während er das sagte, ging er ein paar Schritte auf den Kapitän zu, und ich ging aufs Achterdeck hinunter, um eine Wolke auszublasen und über die Dinge nachzudenken, die er mir in den Kopf gesetzt hatte.

ENDE DES ERSTEN BANDES

www.ingramcontent.com/pod-product-compliance
Lightning Source LLC
LaVergne TN
LVHW051537170726
843492LV00006B/1810